Всё

СПРАВОЧНИК
ХУДОЖЕСТВЕННЫХ МУЗЕЕВ

О МУЗЕЯХ МИРА

Санкт-Петербург
СЗКЭО
«КРИСТАЛЛ
Москва
«ОНИКС»
2007

ББК 85.103
В 82

Выпускающий редактор
И. Г. Мосин

Текст, подбор иллюстраций
И. И. Мосин

Дизайн обложки
И. Г. Мосин, А. Н. Яскевич

Компьютерная верстка и подготовка к печати
А. Н. Яскевич

В 82 **Все о музеях мира**. — СПб: «СЗКЭО "Кристалл"», 2007. — 176 с., илл.

Книга посвящена одному из самых замечательных достижений человеческой цивилизации — художественным музеям. В ней представлены описания коллекций 132 крупнейших мировых собраний живописи, скульптуры, графики и декоративно-прикладного искусства. Очерки, посвященные содержанию и истории коллекций, написаны живым, доступным языком и дают представление о профиле музея, о том, какое место он занимает в мировой художественной культуре. Каждая статья содержит упоминание имен художников, работы которых представлены в собрании и заслуживают особого внимания. Издание богато иллюстрировано: оно содержит не только репродукции произведений искусства, хранящихся в музее, но также фотографии, дающие представление об его архитектуре, внешнем облике и внутреннем убранстве. Алфавитный принцип, положенный в основу книги, делает работу с ней максимально удобной. В содержании, приведенном в конце, весь материал систематизирован по странам, что также упрощает знакомство с ним.
Издание адресовано всем, кто интересуется историей мировой культуры и изобразительного искусства.

ISBN 978-5-9603-0069-8

Художественные музеи — одно из самых замечательных достижений человеческой цивилизации. Они хранят и делают доступными людям уникальные творения человеческого духа. Сегодня музеи не только сохраняют наследие прошлого для последующих поколений, но и занимаются научно-просветительской и исследовательской деятельностью, осуществляют комплектование, экспонирование, изучение и популяризацию произведений изобразительного и декоративно-прикладного искусства.

История возникновения художественных музеев восходит к древности. Слово «музей» происходит от греческого «mouseĩon», что означает «храм муз». Первый Мусейон был основан в Александрии Птолемеем I приблизительно в 290 году до н.э. и имел статус учебного заведения. В него входили жилые комнаты, столовые помещения, обсерватория, библиотека, ботанический и зоологический сады. Мусейон располагал медицинскими и астрономическими инструментами, чучелами животных, а также статуями и бюстами, которые использовались во время обучения. Работа Мусейона, в отличие от других научных школ, финансировалась государством: ученые и педагоги получали в нем жалование. Главный жрец, первое лицо «храма муз», назначался самим Птолемеем. Мусейон располагал уникальной библиотекой: к I в. до н. э. она насчитывала более 700 000 рукописей. Приблизительно в 270 г. н. э. Мусейон был уничтожен вместе с большей частью Александрийской Библиотеки.

Аналогом художественных музеев в античной Греции были храмы. По традиции в храмах богов и муз располагались статуи, картины и другие произведения искусства, посвященные этим богам или музам. Античные храмы богато украшались мозаиками и фресками. Позднее, уже в античном Риме, к этому добавились картины и скульптуры, расположенные в городских садах, римских банях и театрах. Доступ в эти места имел любой горожанин: таким образом, художественные произведения еще в ту пору были доступны самой широкой публике.

Прообразами частных собраний во времена античности были виллы богатых и знатных людей. Вниманию именитых гостей часто представлялись произведения искусства, захваченные во время войн и привезенные хозяевами из победоносных походов. Войны в те годы играли значительную роль в распространении художественных образцов разных стран по всему миру. Так, римский император Адриан распорядился создать копии тех произведений искусства, которые он видел в Греции и Египте. Вилла Адриана, одна из самых роскошных вилл своего времени, богатством и разнообразием украшающих ее произведений не уступала многим современным музеям.

В средние века хранителями произведений искусства — ювелирных украшений, статуй, древних манускриптов — были храмы и монастыри. Начиная с VII века, в них также выставлялись для обозрения предметы, захваченные в войнах. В военные годы эти собрания служили для оплаты выкупов: таким образом, состав коллекций постоянно менялся, то пополняясь, то уменьшаясь. Так, сокровища Кафедрального собора Нотр Дам в Реймсе всецело зависели от удачи французской армии в ведении войны.

Систематическое коллекционирование предметов искусства началось в эпоху Возрождения: именно в этот период зарождается современный облик художественного музея, а само слово приобретает современное значение. Одним из крупнейших меценатов и покровителей искусства того времени был правитель Флоренции Лоренцо Медичи, получивший прозвище Лоренцо Великолепный. Поэт-гуманист, он был большим знатоком античной древности, ценителем и собирателем античных гемм и монет. Известно, что он являлся первым покровителем Микеланджело: по заказу Медичи молодой скульптор выполнял копии античных скульптур для его сада около Сан-Марко.

Однако наиболее крупным заказчиком произведений искусства по-прежнему остается церковь. Она активно привлекает художников к украшению храмов. Можно без преувеличения сказать, что церкви и соборы, в художественном оформлении которых изначально была заложена идея синтеза искусств — архитектуры, живописи, скульптуры, декоративно-прикладного искусства — были прообразом современных музеев. Нельзя не отметить и тот факт, что все их великолепие было доступно взорам прихожан, которые таким образом имели возможность приобщиться к прекрасному. Многие европейские храмы, а также русские православные церкви, являясь по сути культовыми сооружениями, сегодня имеют статус музеев: наряду со службами в них проводятся туристические экскурсии.

История создания старейших художественных музеев, таких как Уффици, Прадо, Лувр и др. восходит к XVI веку. При строительстве дворцов стали специально планировать помещения для коллекций картин, скульптур, книг и гравюр. К этому же времени относится появление первых учреждений музейного типа — галерей, «кунсткамер», «кабинетов». Последние отражали интерес к познанию мира, свойственный тому времени. Стремясь сосредоточить в них все богатство природного мира, дополненное творениями рук человеческих, владельцы «кабинетов» преследовали, как правило, одну цель — удовлетворение собственных познавательных интересов. Наряду с «кабинетами» и «кунсткамерами» в Европе в XVI-XVII веках получили большое распространение частные художественные коллекции, которые, как правило, отражали интересы и художественный вкус их владельцев — представителей знати и богатых буржуа. Многие закрытые, частные собрания становятся доступными для обозрения. Так, Франческо I Медичи открыл для публики собственную коллекцию произведений искусства, разместив ее в здании, построенном Дж. Вазари в 1584 году (ныне галерея Уффици). В 1739 году последняя представительница династии Медичи Мария Людовика передала коллекцию в государственное владение.

В XVIII веке публичные музеи становятся неотъемлемой частью общественной жизни. В 1750 году в Париже картины в Люксембургском дворце были два дня в неделю разрешены для публичного показа, в первую очередь студентам и деятелям искусства: позднее они были переданы в коллекцию Лувра.

Первым музеем нового типа стал Британский музей в Лондоне. Он был открыт в 1753 году, но для его посещения необходимо было письменно зарегистрироваться. Первым большим публичным музеем стал Лувр: он был открыт для широкого посещения в 1793 году. Формирование основных европейских музеев завершилось в XIX веке, когда они стали доступны для широкой публики: Музей истории искусств в Вене, Национальная галерея и Галерея Тейт в Лондоне, Старая и Новая Пинакотеки в Мюнхене и др.

В России, как и в средневековой Европе, хранилищами произведений искусства были ризницы церквей, соборов и монастырей: одним из самых интересных собраний такого рода является Троице-Сергиева лавра. В XVI веке начали закладываться основы коллекции Оружейной палаты в Москве — уникальной сокровищницы российского прикладного искусства. В начале XVIII века Петр I положил начало организации музеев, созданных по европейскому образцу, в которых коллекция художественных произведений не отделялась от предметов естественно-научного характера: блестящим примером такого музея является Кунсткамера в Петербурге. Широкое распространение получило частное коллекционирование: крупные собрания картин и статуй создавались в XVIII веке во дворцах и загородных резиденциях царей и именитой дворянской знати. В XIX веке наряду с частным коллекциями, полностью или частично открытыми для публики, стали создаваться общедоступные художественные музеи: Эрмитаж и Русский музей в Петербурге, отделение изящных искусств при Румянцевском музее и Третьяковская галерея в Москве. В 1912 году в Москве открылся музей изящных искусств (ныне Музей изобразительных искусств им. А. С. Пушкина). В 1917 году, после Октябрьской революции, собрания художественных музеев значительно пополнились за счет национализации частных собраний и экспедиционно-собирательской деятельности. Вместе с тем, создавались новые художественные музеи, как в столице, так и в крупных регионах.

Структура, организация и деятельность современного музея определяется, прежде всего, характером собрания. Основные задачи научной деятельности музеев — изучение и систематизация коллекции — находят отражение в публикации полных каталогов произведений, хранящихся в музее, а также других научных и научно-популярных изданий. Художественные музеи практикуют также выставочную деятельность, обмен показами произведений искусства из своих коллекций в рамках культурного обмена. Просветительская деятельность художественных музеев выражается в проведении экскурсий, лекций, лекториев.

Художественный музей, как комплекс специально оборудованных помещений и научно-вспомогательных отделов, включает в себя экспозиционные залы, запасники (хранилища фондов), выставочные залы, реставрационные мастерские, научную библиотеку и пр. Экспозиция музея строится, как правило, по хронологии и по национальным школам искусства. Нередко она имеет комплексный характер — в залах вместе экспонируются произведения живописи, скульптуры и прикладного искусства, как, например, в Эрмитаже. В некоторых музеях экспозиция строится частично или полностью по отдельным коллекциям, поступившим от владельцев в дар или на временное хранение.

Первыми зданиями, предназначавшимися специально для размещения коллекций, были главным образом дворцовые галереи. К XIX веку сложился тип музейного здания, в котором залы располагались либо анфиладой, либо вокруг 1-2 внутренних двориков. В XX веке при строительстве зданий художественных музеев стали активно применять новые архитектурные решения, позволяющие более органично связывать их со спецификой коллекции, национальными традициями, климатическими условиями. Нередко часть экспозиции (в основном скульптуру) выносят за стены музея, размещая ее на открытом воздухе. Общая черта архитектуры современных художественных музеев — гибкость использования внутреннего пространства, возможность трансформации основных помещений.

Художественный музей — универсальное средство межчеловеческого общения, поскольку язык искусства понятен всем. С целью поддержки и развития деятельности музеев в 1947 году была создана международная организация ICOM (International Council of Museums). Эта организация, включающая в себя более 7 000 участников из 119 стран мира, тесно сотрудничает с UNESKO и другими международными организациями. ICOM собирается каждые три года в одной из стран-участниц.

АДЕЛАИДА
Художественная галерея Южной Австралии

Художественная галерея Южной Австралии обладает одной из крупнейших коллекций изобразительного искусства на территории своей страны. Она была основана в 1881 году, а с 1897 года располагается в одном из красивейших зданий в центре Аделаиды.

Собрание галереи насчитывает более 35000 экспонатов и охватывает период от Древнего Рима до сегодняшнего дня. Оно включает в себя живопись, скульптуру, гравюру, рисунки, фотографии, текстиль, керамику, изделия из стекла, металла, драгоценных камней, а также мебель.

Галерея располагает большой коллекцией австралийского искусства с начала XIX века до наших дней, в том числе собранием работ аборигенов Австралии.

Со времени своего возникновения, галерея Южной Австралии занимается приобретением живописи старых мастеров. Основу собрания составляют западноевропейские пейзажи и портреты XVII-XIX веков. Особое место

Уотерхаус Дж. У. Цирцея. 1892

занимает коллекция живописи английских художников, которая считается одной из самых полных за пределами Великобританиии и охватывает период с XVII века до наших дней. Коллекция включает в себя работы Клода Лоррена, Антониса Ван Дейка, Уильяма Хогарта, Томаса Гейнсборо, Уильяма Тернера. В музее представлено французское искусство XIX века — полотна Теодора Жерико, Анри Фантен-Латура, Шарля До-

Китайский фарфор (провинция Дзянси)

биньи, Эжена Будена, Пьера-Огюста Ренуара, а также 20 бронзовых скульптур Огюста Родена.

В галерее хранится богатое собрание рисунков и гравюр старых мастеров, основу которого составила коллекция Дэвида Мюррея, подаренная музею в 1907 году. Преумноженная известным коллекционером Харольдом Райтом, эта часть собрания стала одной из богатейших в мире и включает в себя работы таких мастеров как Андреа Мантенья, Альбрехт Дюрер, Тициан, Питер Пауль Рубенс, Рембрандт, Франсиско де Гойя, Эдуард Мане, Якопо Тинторетто, Джованни Баттиста Тьеполо.

Беккер Л. Вид Мельбурна с берегов Ярры. 1854

АМСТЕРДАМ
Рейксмузеум

Рейксмузеум (Государственный музей), расположенный в Амстердаме, хранит одну из крупнейших коллекций искусства в мире. Временем основания музея считается 1800 год. Именно тогда коллекция штатгальтеров из рода принцев Оранских-Нассау составила основу «кабинета искусств» в Гааге. В 1808 году она была перевезена в Амстердам. Современное здание Рейксмузеума находится на Музейной площади. Построенное известным голландским архитектором П. Кейперсом в 1876-1885 годах, оно является достопримечательностью голландской столицы.

Экспозиция музея включает в себя разделы живописи, скульптуры и декоративно-прикладного искусства, искусства стран Азии, истории Нидерландов, а также кабинет эстампов.

Живописные полотна занимают основную часть помещений музея. В Рейксмузеуме выставлено самое полное собрание голландской живописи. XV-XVI век представлен небольшим количеством работ

Ван Лейден Л.
Поклонение Золотому Тельцу

Вермеер Я.
Кухарка

Бол Ф.
Портрет Рольфа Муленара. 1650

Вермеер Я.
Уличка

Гольциус Х.
Лот с дочерьми. 1616

Рембрандт. Ночной дозор. 1642

Рейсдал С.
Пейзаж с мельницей

из которых выделяются «Поклонение золотому тельцу» и «Проповедь в церкви» Луки Лейденского, «Мария Магдалина» Яна ван Скореля, «Туалет Вирсавии» Корнелиса ван Харлема, «Лот с дочерьми» Хендрика Гольциуса.

Гордостью музея является коллекция голландской живописи XVII века. Здесь можно найти пейзажи Эсайаса ван де Вельде и Хендрика Аверкампа — признанного мастера зимнего пейзажа, блестящие портреты Франса Халса, натюрморты Питера Класа и Виллема Калфа а также работы других выдающихся голландских живописцев. В коллекции хранятся такие шедевры мировой живописи как «Молочница» и «Улочка» Яна Вермеера, «Веселый пьяница» и «Портрет молодой пары» Франса Халса, «Пейзаж с мельницей» Якоба Ван Рейсдала, «Синдики» и «Еврейская невеста» Рембрандта. Жемчужиной собрания является одна из известнейших картин последнего — «Ночной дозор». Она располагается на отдельной стене зала, спроектированного Кейперсом специально для нее.

Голландская живопись XVIII-XIX веков представлена в Рейксмузеуме работами Якоба де Вите, Луиса Морица, Яна Вайсенбруха, Георга Хендрика Брейтнера. Также музей является хранителем одного из автопортретов Винсента Ван Гога. Коллекция живописи других национальных школ Европы сравнительно невелика. Тем не менее, в ней можно найти работы итальянцев Якопо Тинторетто и Паоло Веронезе, фламандца Питера Пауля Рубенса, испанцев Бартоломе Эстебана Мурильо и Франсиско де Гойи, а также одного из лидеров русского авангарда Казимира Малевича.

Рейксмузеум демонстрирует богатую коллекцию пастелей. В кабинете эстампов хранится около 1 миллиона рисунков, офортов, гравюр, акварелей, афиш и фотографий. В основном это работы голландских художников. Несомненный интерес представляют 60 рисунков Рембрандта.

Ван Гог В.
Автопортрет.

Деревянная статуя Бодхисатвы. XII в.

АНТВЕРПЕН
Королевский музей изящных искусств

Королевский музей изящных искусств в Антверпене является хранителем выдающейся коллекции западноевропейской живописи, скульптуры и рисунка XV-XX веков. История музея берет свое начало с конца XVIII века. Тогда он вместе с Академией Изящных искусств располагался в монастыре францисканцев, а его коллекция состояла в основном из работ, принадлежавших гильдии Святого Луки (до ее распада в 1773 году). В 1841 году бывший бургомистр Антверпена Флорент ван Эртборн подарил музею свою коллекцию, состоящую из 140 работ фламандских живописцев XV-XVII столетий. Это бесценное собрание и по сей день считается гордостью музея. В 1890 году собрание было перевезено в новое здание, построенное архитектором Яном Якобом Винтерсом в неоклассическом стиле. В нем музей размещается и сегодня. Основную часть коллекции музея составляют работы фламандских, нидерландских и бельгийских художников XV-XX веков. Искусство XV-XVI столетий представлено работами таких мастеров как Ян Ван Эйк, Рогир Ван дер Вейден, Дирк Боутс, Ганс Мемлинг. Также музей хранит шесть работ Квентина Массейса, основателя антверпенской школы живописи, включая его превосходный триптих «Оплакивание Христа».

Антонелло да Мессина. Распятие. 1475

Ван дер Вейден Р. Портрет Филиппа Доброго. Ок. 1450

Работы трёх прославленных мастеров XVII века из Антверпена — Рубенса, Йорданса и Ван Дейка — являются главной ценностью собрания. Коллекция произведений Питера Пауля Рубенса, включает в себя 21 картину, а также эскизы маслом, и состоит из работ, выполненных в различных жанрах в разные периоды творчества. Это одно из наиболее полных собраний работ фламандского мастера.

Музей является обладателем коллекции бельгийской живописи Нового Времени и последующих эпох, состящей из работ разных жанров, стилей и направлений. Говоря об этой коллекции, следует упомянуть имена таких известных художников как Джеймс Энсор, Рене Магритт и Поль Дельво.

Бейкелар И. Овощная лавка. 1567

АНТВЕРПЕН
Музей Майера Ван ден Берга

Музей Майера Ван ден Берга — один из самых интересных музеев Бельгии. Он хранит художественные произведения, которые известный коллекционер Майер Ван ден Берг (1858-1901) сумел собрать за свою короткую жизнь. Строительство здания музея было начато матерью коллекционера сразу после его смерти и закончено в 1904 году. Оно выполнено в стиле особняка XVI века, благодаря чему облик постройки гармонирует с ее интерьерами, стилизованными под жилище состоятельного бюргера эпохи Ренессанса.

Собрание музея насчитывает более 4000 экспонатов, основная часть которых выполнена во времена позднего Средневековья и Возрождения. Ван ден Берг коллекционировал работы, которые в его время были мало изучены и не получили должного признания, что делает его коллекцию уникальной. Значительную часть собрания составляют произведения прикладного искусства — мебель, гобелены, изделия из стекла, металла, фарфора, керамические изделия.

Брейгель Старший П.
Безумная Грета. 1561-1562

Также в музее представлены образцы декоративной скульптуры, в основном религиозного характера. Интересна каменная скульптура Мадонны с младенцем, выполненная в Брюгге в конце XIV века.

Музей хранит образцы фламандской живописи XIII-XVII веков. Жемчужиной коллекции является картина Питера Брейгеля Старшего «Безумная Грета». Она была найдена коллекционером на аукционе в Кельне в 1897 году. Публика не проявляла к работе интереса, и Ван ден Берг купил ее за бесценок, тем самым, открыв этот шедевр широкому кругу ценителей искусства. Несомненный интерес представляет работа Брейгеля «Нидерландские пословицы», также хранящаяся в музее.

Брейгель Старший П.
Нидерландские пословицы

БАЗЕЛЬ
Художественный музей

Художественный музей в швейцарском Базеле является одним из старейших публичных музеев Европы. В его основу легло собрание Базилиуса Амербаха, которое было приобретено городским муниципалитетом еще в 1661 году.

Сегодня музей состоит из трех отделов, представляющих европейскую живопись XV-первой половины XX веков, рисунок и гравюру, а также современное искусство. Гордость музея — прекрасная коллекция картин мастеров немецкого Возрождения: Конрада Витца, Мартина Шонгауэра, Ганса Бальдунга Грина, Лукаса Кранаха Старшего, Матиаса Грюневальда. Особой популярностью пользуются работы семьи Гольбейнов, подборка произведений которых не знает себе равных в мире. К шедеврам кисти прославленных базельских живописцев относятся «Мертвый Христос», «Портрет жены с двумя детьми» и «Портрет Бонифация Амербаха» Ганса Гольбейна Младшего. Интерес представляют также работы «Малых голландцев», крупная коллекция полотен швейцарского символиста Арнольда Беклина, и залы, посвященные искусству конца XIX-первой половины XX веков. Здесь можно полюбоваться работами классиков импрессионизма и постимпрессионизма, экспрессионистов, кубистов, абстракционистов и представителей других художественных течений. К самым громким именам, чьи работы представлены в музее, относятся Клод Моне, Пьер-Огюст Ренуар, Поль Сезанн, Камиль Писсарро, Поль Гоген, Винсент Ван Гог, Анри Матисс, Пабло Пикассо, Фернан Леже, Эдвард Мунк, Оскар Кокошка, Пауль Клее, Пит Мондриан, Жорж Брак, Марк Шагал.

Гольбейн Младший Г.
Портрет Бонифация Амербаха. 1519

Гоген П.
Когда твоя свадьба. 1892

Массейс К.
Портрет неизвестного

Делоне Р.
В честь Блерио. 1914

Матисс А.
Берег реки. 1907

Гольбейн Младший Г.
Портрет семьи художника. 1528

Гольбейн А.
Портрет мальчика с каштановыми волосами

БАЛТИМОР
Музей искусств

Музей искусств американского города Балтимор размещает в своих стенах одно из интереснейших собраний в Северной Америке. Его основой является прекрасная коллекция художественных произведений, собранная сестрами Кларибел и Эттой Коун в начале двадцатого столетия. Часто посещая парижские салоны, сестры Коун покупали картины своих современников, а также другие произведения искусства, и демонстрировали их в своем особняке в Балтиморе. С 1914 года эти работы, как и многие другие шедевры живописи, скульптуры, рисунка, декоративно-прикладного искусства можно наблюдать в здании музея, построенном в неоклассическом стиле известным архитектором Джоном Расселом Поупом. Собрание музея охватывает пять веков европейской живописи: прославленные работы Антониса Ван Дейка, шедевры Франса Халса, Рембрандта, Жана Батиста Симеона Шардена, Элизабет Виже-Лебрен. Живописные полотна соседствуют со скульптурой, выполненной французскими мастерами XIX века, в числе которых Огюст Роден и Антуан Луи Бари. Живопись и скульптуру окружают прекрасные образцы декоративно-прикладного искусства: изящная французская мебель, Севрский фарфор, украшенные драгоценными камнями табакерки.

Коллекция сестер Коун является наиболее интересной и состоит из работ Анри Матисса, Пабло Пикассо, Поля Сезанна, Эдуарда Мане, Эдгара Дега, Поля Гогена, Винсента Ван Гога, Пьера-Огюста Ренуара. Проиведения этих мастеров дополнены предметами декоративно-прикладного искусства, а также экспонатами из стран Азии, Африки и Ближнего Востока.

Музей демонстрирует большое собрание рисунков и гравюр, среди которых работы Альбрехта Дюрера, Сандро Боттичелли, Франсиско де Гойи, Эдуарда Мане.

Кэссет М.
Поцелуй. 1897

Гоген П.
Женщина с плодом манго. 1892

Ван Гог В.
Пара башмаков. 1887

Матисс А.
Одалиска с зеленым поясом. 1926

Матисс А. Обнаженная в голубых тонах. 1907

БАРИ
Пинакотека

Пинакотека, расположенная в итальянском городе Бари, хранит лучшие образцы западноевропейского искусства XI-XIX веков. Она была основана в 1928 году и вместила в себя собрания работ из различных церквей и монастырей Италии, национальных галерей Неаполя и Рима, а также из присоединенной к ней старой Пинакотеки.

В музее представлена коллекция античной скульптуры, экспозиция работ эпохи Средневековья. Несомненный интерес представляет коллекция полотен итальянских мастеров эпохи Возрождения. Она включает в себя произведения Антонио и Бартоломео Виварини (в музее представлено одно из лучших полотен Антонио Виварини — «Благовещение»), Париса Бордоне, Якопо Тинторетто.

Бордоне П.
Мадонна с младенцем и святыми Энрике и Антонием

Тинторетто Я.
Чудо святого Рока

Виварини А.
Мадонна с младенцем в окружении святых. 1472

Святой Николай с житиями. XIII в.

БАРСЕЛОНА
Национальный художественный музей Каталонии

Национальный художественный музей Каталонии, находящийся в Барселоне, хранит и экспонирует одно из крупнейших в Испании собраний искусства. Он был основан в 1934 году и расположен в здании на горе Монжуик, ставшей одним из культурных центров города. В отличие от большинства музеев, основу которых составляют коллекции аристократов и персон, облеченных властью, собрание Национального художественного музея Каталонии базируется на пожертвованиях частных лиц, а также работах местных художников. В 1990 году музей был объединен с Музеем современного искусства и стал хранителем замечательной коллекции произведений XIX-XX столетий. Сегодня помимо живописных полотен он включает в себя отделы рисунка, гравюры, фотографии, а также кабинет нумизматики и библиотеку. Собрание средневекового искусства демонстрирует в основном работы каталонских мастеров XI-XIII веков. Интересна коллекция фресок, которая из-за высокого качества работ и их огромных размеров считается уникальной.

Тициан.
Девушка перед зеркалом. 1515

Кранах Старший Л.
Неравная пара. 1517

Кампен Р.
Мадонна, кормящая младенца. 1520

Эль Греко.
Святые Петр и Павел. 1595-1600

Музей экспонирует коллекцию художественных произведений эпохи Ренессанса и Нового Времени. Она отражает историю искусства Каталонии, Испании, Фландрии и, в наибольшей степени, Италии XV-XVIII веков.

Интересно собрание рисунков и гравюр, включающее в себя более 6000 работ XVII-XX столетий.

Алтарь Девы Марии. 1170-1190

БЕЛГРАД
Национальный музей

Коллекция Национального музея включает 400 000 экспонатов и является одной из крупнейших в Южной Европе. Она формировалась в период между первой и второй мировыми войнами, в основном посредством подарков со стороны художников и коллекционеров.

Большинство экспонатов представляют культуру и искусство Сербии. Отдел Средневекового искусства демонстрирует в основном археологические находки: различные украшения, керамику и прочее, а также коллекцию фресок и икон. Интерес представляет Мирославлево Евангелие — самая старая из сохранившихся сербских иллюстрированных рукописей. Она носит статус национальной реликвии, и в 2005 году вошла в список ЮНЕСКО, содержащий всего 120 памятников мирового значения. Отдел также содержит образцы моравской каменной пластики, которая считается одним из главных достижений сербского искусства.

Музей включает в себя отдел постсредневекового и современного искусства, в котором собраны работы сербских мастеров XVIII-XIX веков, югославскую галерею, содержащую более 3000 произведений современных художников, собрания югославской скульптуры, гравюры и рисунка.

В Национальном музее Белграда собрана внушительная коллекция западноевропейского искусства, включающая в себя 1100 работ живописцев и скульпторов XIV-XX столетий. Итальянская живопись представлена работами Джованни ди Паоло, Лоренцо ди Креди, Витторе Карпаччо, Якопо Тинторетто, Леандро и Франческо Бассано, Франческо Солимена, Алессандро Маньяско, Канталетто, Франческо Гварди. Собрание фламандской и голландской живописи включает в себя полотна таких мастеров как Ян Брейгель, Корнелис и Мартен де Вос, Ян Ван Гойен, Виллем Ван Алст, Питер Пауль Рубенс, Ян Тороп, Винсент Ван Гог, Пит Мондриан.

Писсарро К. Площадь Французского театра. Солнечный день. 1898

Коллекция из 200 работ французской школы состоит, за исключением картин Юбера Робера, из полотен мастеров XIX-XX столетий: Камиля Коро, Оноре Домье, Гюстава Моро, Эжена Карьера, Эжена Будена, Камиля Писсарро, Эдгара Дега, Клода Моне, Пьера-Огюста Ренуара, Альфреда Сислея, Поля Гогена, Анри де Тулуз-Лотрека, Поля Синьяка, Одилона Редона.

Не менее интересна коллекция рисунков и гравюр также представленная работами выдающихся мастеров мирового искусства.

Ренуар О. В Мулен де ла Галет. Ок. 1875

БЕРГАМО
Академия Каррара

Рафаэль (возм. С. Перуджино). Св. Себастьян. 1500-1501

Мелоне А. Портрет Чезаре Борджа

Тициан. Мадонна с младенцем

Кариани Дж. Женский портрет. 1520-е

Мантенья А. Мадонна с младенцем и святыми Рохом и Себастьяном. 1482

Академия Каррара хранит и экспонирует одно из богатейших художественных собраний в Италии. Галерея была основана в 1793 году графом Джакомо Каррара на базе его коллекции. В 1810 году для галереи, по проекту Симоне Элиа, было построено здание в неоклассическом стиле, в котором музей располагается до сих пор. При музее была открыта школа, которая в 1988 году была преобразована в Академию изящных искусств и размещена в соседнем здании.

С момента основания, музей увеличивает свое собрание за счет покупок и пожертвований. Сейчас оно включает в себя около 1800 живописных полотен, коллекции скульптуры, гравюры, рисунка, предметы мебели, изделия из бронзы, фарфора, а также коллекцию медалей.

Наибольший интерес представляет собрание живописи. Основная часть полотен, хранящихся в галерее, была создана итальянскими мастерами в XV-XIX веках. Преобладают работы художников бергамской, ломбардской и венецианской школ, в том числе Лоренцо Лотто, Эваристо Баскениса, Джованни Морони, Каналетто. Также в галерее можно увидеть работы других известнейших итальянских мастеров — Антонио Пизанелло, Сандро Боттичелли, Андреа Матеньи, Рафаэля, Джованни Баттиста Тьеполо.

В 1991 году Академия Каррара включила в себя Галерею современного искусства, расположенную в здании напротив. Галерея располагается в 10 залах, в которых выставлены работы итальянских и зарубежных авторов XX века, таких как Умберто Боччони, Джакомо Балла, Джорджо Моранди, Василий Кандинский, Джакомо Манцу.

Лотто Л. Положение во гроб. 1516

БЕРЛИН
Государственные музеи

Государственные музеи Берлина — один из крупнейших в мире музейных комплексов. Он был основан в 1830 году на базе коллекций королей Пруссии и бранденбургских курфюрстов.

Большая часть музеев находится на так называемом «музейном острове», который расположен в восточной части Берлина. Здание Старого музея, появившегося на музейном острове первым, было построено в 1823-1830 годах известным архитектором Карлом Фридрихом Шинкелем и является шедевром архитектуры классицизма. Первоначально музей вмещал в себя все берлинские коллекции, однако сегодня он хранит лишь предметы античного и египетского искусства, а также экспонирует временные выставки.

Старая Национальная галерея, открытая в 1876 году, является хранителем одной из крупнейших в Германии коллекций живописи и скульптуры XIX века. Она содержит картины многих известнейших немецких художников, таких как Петер фон Корнелиус, Фридрих Овербек, Адольф фон Менцель, Ханс Тома, Ансельм Фейербах,

Бёклин А.
Автопортрет со смертью. 1872

Гольбейн Младший Г.
Портрет Георга Гисце. 1532

Халс Ф.
Портрет Декарта. 1649

Бальоне Дж.
Любовь Небесная и Любовь Земная. 1602

Рафаэль.
Мадонна Террануова. Ок. 1505

Ван Эйк Я.
Портрет Джованни Арнольфини. 1434

Королева Южной Италии (слоновая кость). XII в.

Халс Ф.
Малле Баббе. 1634

Кранах Старший Л.
Источник Молодости. 1546

Дали С.
Портрет миссис Изабеллы Стайлер-Тэс. 1945

Моне К.
Дома в Аржентее. 1873

Арнольд Беклин, Ханс фон Маре, Вильгельм Лейбль, Вильгельм Трюбнер, Макс Либерманн, Ловис Коринт, а также работы мастеров из других стран Европы — Эдуарда Мане, Клода Моне, Пьера-Огюста Ренуара, Эдгара Дега, Поля Сезанна, Огюста Родена.

Музей Пергамона — один из самых популярных на музейном острове. В нём размещены коллекции искусства Древнего Мира — Греции, Рима, Вавилона, Ассирии, Египта, Восточной Азии, а также собрания исламского и раннехристианского искусства. Главная достопримечательность музея — Пергамский алтарь, который является шедевром искусства эпохи эллинизма. В музее представлены вавилонская Дорога процессий, ворота Иштар, бюст Нефертити и другие жемчужины искусства древних цивилизаций.

На музейном острове расположены также Новый музей и Музей Боде, в которых можно увидеть собрания живописи, скульптуры, гравюры, а также коллекцию монет. В 1999 году музейный остров был включен ЮНЕСКО в список мирового культурного наследия.

В состав Государственных музеев Берлина входит еще один комплекс музеев — Берлин-Далем. Он был основан в 1957 году и включает в себя Египетский музей, Античный музей, музеи исламского, индийского и дальневосточного искусства, музей немецкого народного искусства, этнографический музей, музей прикладного искусства, музей первобытной и древней истории, а также картинную галерею и Новую национальную галерею.

Новая национальная галерея размещает собрание живописи и скульптуры XX века — работы Эдварда Мунка, Эрнста Людвига Кирхнера, Пабло Пикассо, Пауля Клее, Лайонела Фейнинджера, Отто Дикса, Оскара Кокошки и других художников.

Картинная галерея Далема является хранителем одной из крупнейших в Европе коллекций работ старых мастеров. В 72 залах музея можно встретить картины таких всемирно известных художников как Ян Ван Эйк, Питер Брейгель Старший, Альбрехт Дюрер, Рафаэль, Тициан, Микеланджело да Караваджо, Ян Вермеер, Конрад Витц, Ганс Бальдунг Грин, Лукас Кранах Старший, Ганс Гольбейн Младший, Каналетто, Антуан Ватто, Томас Гейнсборо. Гордость галереи — восьмиугольный зал, в котором размещены 16 работ Рембрандта. Интересен также зал, демонстрирующий пять прекрасных Мадонн кисти Рафаэля.

БИРМИНГЕМ

Институт изящных искусств Барбера

Институт изящных искусств Барбера, расположенный в Бирмингеме, хранит одну из прекраснейших художественных коллекций Великобритании. Он был основан в 1932 году вдовой крупного предпринимателя Генри Барбера. Двухуровневое здание, разместившее в своих стенах собрание искусства, было построено в 1939 году под руководством архитектора Роберта Аткинсона и явилось замечательным памятником стиля ар-деко.

Институт экспонирует небольшое, но высококачественное собрание западноевропейской живописи. Здесь можно увидеть произведения всемирно известных старых мастеров — Симоне Мартини, Джованни Беллини, Сандро Боттичелли, Паоло Веронезе, Ганса Гольбейна Младшего, Питера Паули Рубенса, Антониса Ван Дейка, Франса Халса, Рембрандта, Никола Пуссена, Бартоломе Эстебана Мурильо; французских импрессионистов и постимпрессионистов — Эдгара Дега, Клода Моне, Пьера-Огюста Ренуара, Эдуарда Мане, Винсента Ван Гога, Поля Гогена; художников XX века — Пабло Пикассо, Анри Матисса, Рене Магритта, Эгона Шиле, Андре Дерена, Фернана Леже. Широко представлена история английского искусства, в том числе произведения Джошуа Рейнолдса, Томаса Гейнсборо, Уильяма Тернера, Данте Габриэля Россетти, Обри Бердслея, Гвен Джон.

Ренуар О.
Сидящая девушка. 1877

Ван Гог В.
Копающая крестьянка. 1885

Россетти Д. Г.
Голубая беседка. 1865

Дега Э.
Жокей перед стартом. 1881

В институте Барбера также выставлены одна из крупнейших в мире коллекций монет, в основном римских и византийских, крупная коллекция скульптуры, включающая в себя работы Огюста Родена, небезынтересные собрания акварелей и декоративно прикладного искусства.

Уистлер Дж.
Симфония в белом № 3. 1867

БИРМИНГЕМ
Музей и картинная галерея

Бирмингемский музей относится к числу интереснейших художественных музеев Великобритании. Он был основан в 1885 году и располагается в историческом здании в центре города, построенном в 1911-1919 годах.

Музей размещает коллекции живописи, скульптуры, рисунка, декоративно-прикладного искусства, крупное азиатское собрание, а также экспозиции, посвященные местной истории, археологии и этнографии. Особой популярностью пользуется художественная галерея, экспонирующая картины всемирно известных живописцев. Здесь можно увидеть полотна старых мастеров: Джованни Беллини, Антонио Каналетто, Томаса Гейнсборо. Гордость музея — значительное собрание работ прерафаэлитов. Оно включает в себя крупнейшую в мире коллекцию работ сэра Эдварда Берн-Джонса, жителя Бирмингема, одного из лучших мастеров этого художественного объединения. «Звезда Вифлеема», «Король Марк и Прекрасная Изольда», квадриптих «Пигмалион и образ» — лишь часть шедевров прославленного живописца, представленных в галерее.

В музее выставлена крупная коллекция гравюры и рисунка, насчитывающая более 27000 произведений, в том числе около 400 работ британских художников — Томаса Гейнсборо, Уильяма Тернера, Уильяма Блейка.

Сарджент Дж. С.
Портрет Кэтрин Льюис. 1906

Берн-Джонс Э.
Филлис и Демофон. 1870

Миллес Дж. Э.
Слепая девочка. 1854-1856

Россетти Д. Г.
Сэр Галахад в разрушенной часовне. 1859

Писсарро К. Мост в Руане. Закат. 1896

БОЛОНЬЯ
Национальная Пинакотека

Национальная Пинакотека итальянского города Болоньи является одной из самых крупных и современных художественных галерей Италии. Она возникла в первые десятилетия XVIII века на окраине университетского квартала, где находится и сегодня. Основу коллекции составляют произведения искусства, поступившие из церквей и монастырей; остальные экспонаты были приобретены у коллекционеров или приняты в дар. Экспозиция галереи в наибольшей степени посвящена художникам болонской школы, таким как Симоне де Крочефисси, Витале да Болонья, Гвидо Рени, Гверчино, Агостино и Аннибале Карраччи, Франческо Франча. В музее широко представлено творчество мастеров из Феррары, в том числе Франческо дель Косса и Эрколе де Роберти, а также художников венецианской школы.

К жемчужинам собрания относится знаменитая «Мадонна во славе» Перуджино, а также работы Джотто, Тициана, Эль Греко. Гордостью музея является одна из известнейших работ Рафаэля «Экстаз святой Цецилии».

Рени Г.
Избиение младенцев. 1611

Креспи Дж. М.
Св. Иоанн Непомукский

Якопо ди Паоло.
Распятие. 1400-1410

Альбани Ф.
Автопортрет. 1630

Карраччи А.
Мадонна во славе. 1587-1588

Гверчино.
Мадонна со щеглом. 1615

Креспи Дж. М.
Сцена в крестьянском дворе.
1710-1715

БОРДО
Музей изящных искусств

Музей изящных искусств в Бордо был создан 31 августа 1801 года указом Наполеона Бонапарта. Основу его коллекции составили произведения, перевезённые из Центрального музея; к 1805 году собрание состояло из 44 работ. Значимым событием в жизни музея стало приобретение в 1829 году прекрасной коллекции маркиза Лаказа, состоящей из 280 полотен итальянских, немецких, голландских и фламандских художников. После пожара 1870 года, уничтожившего часть коллекции (в том числе работы Филиппа де Шампеня и Питера Пауля Рубенса) и повредившего галереи, музей вынужден был поменять свое местоположение. По решению правительства города, в 1881 году под руководством архитектора Шарля Бурже было возведено новое здание, в котором собрание музея хранится и по сей день.

Брейгель Старший Я.
Крестьянский танец. 1597

Бугро А. В.
День поминовения. 1859

Редон О.
Падший Ангел. Ок. 1880

Редон О.
Фантазия

Сегодня музей изящных искусств Бордо является хранителем одной из крупнейших коллекций искусства во Франции. В южном крыле здания музея можно увидеть работы мастеров XVI-XVIII веков, среди которых преобладают полотна художников итальянского Возрождения, таких как Пьетро Перуджино, Тициан, Якопо Бассано, Гверчино, Якопо Тинторетто, Паоло Веронезе. Украшением экспозиции являются также полотна великих фламандских живописцев — Питера Пауля Рубенса и Антониса Ван Дейка.

В северном крыле размещено искусство XIX-XX веков, представленное в основном работами французских художников. В экспозиции собраны произведения таких мастеров как Камиль Коро, Шарль Франсуа Добиньи, Одилон Редон, Пьер-Огюст Ренуар, Анри Матисс, Альбер Марке, Андре Лот, Пьер Боннар.

Сёра Ж. Пейзаж Иль де Франс. 1881-1882

БОСТОН
Музей изящных искусств

Музей изящных искусств в Бостоне — один из крупнейших в США. Он возник в 1870 году на основе экспонатов, перевезенных сюда из Бостонской художественной галереи. В 1909 году музей переехал в новое здание на Хантингтон-авеню, построенное по проекту архитектора Гая Лоуэлла. По мере увеличения коллекции, оно дополнялось многочисленными пристройками. Сегодня, помимо главного здания, музей включает в себя несколько расположенных неподалеку корпусов, просторный внутренний двор и сад.

Собрание американского искусства состоит главным образом из живописных полотен и предметов декоративно-прикладного искусства. В экспозиции представлены работы таких известных американских художников, как Джон Синглтон Копли, Джон Сингер Сарджент, Мэри Кэссет, Уинслоу Хомер.

Собрание музея, насчитывающее 70000 предметов, включает об-

Пуссен Н.
Ахиллес и дочери Ликомеда. 1656

Блейк У.
Видение пророка Иезекиля. 1803-1805

Ренуар О.
Скалы в Эстаке. 1882

Сарджент Дж. С.
Атлас и Геспериды. 1925

Бюст императора Тиберия. Рим, I в.

Боттичелли С.
Мадонна с младенцем и св. Иоанном Крестителем

Рембрандт.
Художник в своей мастерской. 1629

Моне К.
Стог сена. Закат солнца. 1891

Сарджент Дж. С.
Хирон и Ахиллес. 1921

Сарджент Дж. С.
Орест, преследуемый Фуриями. 1921

Лейтон Ф.
Медовый месяц живописца. 1864

ширное собрание египетской и античной скульптуры, а также керамики. Заслуживает внимания собрание искусства стран Азии, включающее одну из крупнейших в мире коллекций японского искусства, интересную коллекцию живописи и скульптуры Индии, редкое собрание корейского искусства. Несколько залов посвящены искусству стран Африки и Океании.

Собрание европейского декоративно-прикладного искусства содержит прекрасную коллекцию английского серебра и фарфора, многочисленные предметы мебели разных стилей, интересное собрание средневековой скульптуры. Коллекция живописи состоит из шедевров голландского, французского, английского, испанского и итальянского искусства, и включает в себя работы Тициана, Альбрехта Дюрера, Рембрандта, Жана-Франсуа Милле, Винсента Ван Гога, Поля Гогена, Пьера-Огюста Ренуара и других великих мастеров. Гордостью музея является коллекция работ Клода Моне, одна из крупнейших за пределами Парижа.

Сарджент Дж. С.
Роспись потолка Бостонского музея изящных искусств

БРАУНШВЕЙГ
Музей герцога Антона Ульриха

Музей герцога Антона Ульриха, расположенный в Брауншвейге, хранит одно из крупнейших художественных собраний Германии. В его названии увековечено имя крупного коллекционера и мецената, благодаря которому музей появился на свет в 1754 году. Современное здание музея было построено в 1887 году по проекту архитектора Оскара Зоммера.

Картинная галерея предлагает обзор европейской живописи XV-XVIII веков. Самым полным является собрание немецкой живописи, включающее в себя работы известнейших художников Германии XVI-XVIII столетий: Лукаса Кранаха Старшего, Ганса Гольбейна Младшего, Ганса фон Ахена, Ганса Роттенхаммера, Адама Эльсхаймера, Иоганна Шенфельда, Иоганна Генриха Тишбейна, Якоба Филиппа Хакерта. Итальянское искусство времен Возрождения и барокко представлено работами Джорджоне, Пальма Веккио, Паоло Веронезе, Якопо Тинторетто, Орацио Джентилески, Бернардо Каваллино, Маттиа Прети. В музее можно увидеть полотна трех титанов фламандской живописи — Якоба Йорданса, Питера Пауля Рубенса и Антониса Ван Дейка. Залы нидерландской живописи знакомят посетителей с творчеством художников Северного Возрождения и «Золотого века» — Лукаса Ван Лейдена, Корнелиса Ван Харлема, Питера Ластмана, Рембрандта, Яна Ван Гойена, Якоба Ван Рёйсдаля, Яна Стена, Яна Вермеера. Интересно небольшое собрание картин французских живописцев — Симона Вуэ, Гиацинта Риго, Никола де Ларжильера, Франсуа Буше, Жана Батиста Греза.

Также в музее размещена коллекция гравюр, насчитывающая более 100 000 произведений, около 10 000 рисунков, собрание предметов декоративно-прикладного искусства.

Рембрандт. Семейный портрет. 1660-е

Вермеер Я. Девушка с бокалом вина. 1659-1660

Стен Я. Брак Товия и Сары. 1667-1668

БРЕМЕН
Кунстхалле

Бременский Кунстхалле является одним из крупнейших художественных музеев Германии. В его основу легли коллекции, собранные городскими ценителями искусства. Музей был открыт для публики в 1849 году в новом здании, находящемся недалеко от центра Бремена. В этом здании, существенно реконструированном и достроенном под руководством архитектора Эдуарда Гильдемейстера в 1902 году, музей располагается и в настоящий момент.

Основу коллекции Кунстхалле составляют картины, рисунки, гравюры и скульптуры мастеров XIX-XX веков. Музей славится крупной коллекцией работ всемирно известных импрессионистов — Клода Моне, Эдуарда Мане, Камиля Писсарро, Пьера-Огюста Ренуара, Эдгара Дега, Анри де Тулуз-Лотрека, Поля Сезанна. В залах, посвященных творчеству экспрессионистов можно увидеть работы Оскара Кокошки, Эдварда Мунка, Макса Пехштейна.

Немецкая живопись занимает в музее основное место. Здесь выставлены работы известнейших художников Германии: Каспара Давида Фридриха, Макса Клингера, Адольфа фон Менцеля, Эриха Хекеля, Вильгельма Лейбля, Ханса фон Маре, Вильгельма Трюбнера. Интересным аспектом экспозиции являются полотна крупнейших немецких импрессионистов — Ловиса Коринта, Макса Либермана и Макса Слефогта. Из коллекции скульптуры можно выделить произведения Вильгельма Лембрука и Эрнста Барлаха.

Ван Гог В.
Маковое поле. 1889

Мане Э.
Портрет Захарии Астрюка. 1866

Писсарро К.
Мартовский день. Понтуаз. 1875

БРЮССЕЛЬ
Королевские музеи изящных искусств

Королевские музеи изящных искусств в Брюсселе хранят в своих стенах одно из крупнейших в Бельгии собраний живописи, скульптуры и рисунка. Это объединение состоит из Музея старого искусства, Музея современного искусства, Музея Виртца и Музея Менье. В 1801 году Наполеон Бонапарт своим указом создал Музей Брюсселя, призванный хранить некоторые произведения искусства, конфискованные французскими революционерами. На базе его коллекций, пополненных закупками и дарами, были с течением времени сформированы королевские музеи изящных искусств.

Музей старого искусства размещает обширное собрание картин

Ван Риссельберге Т. Мадам Тео Ван Риссельберге с дочерью. 1899

Ван Гог В. Голова молодого крестьянина в фуражке. 1885

Гоген П. Портрет Сюзанны Бембридж. 1891

Сёра Ж. Гран-Жатт. Берега Сены весной. 1888

Ван Риссельберге Т.
Портрет мадам Шарль Маус. 1890

Гоген П.
Зеленый Христос (Бретонская Голгофа). 1889

Брейгель Старший Я.
Натюрморт с цветами и драгоценностями. 1618

Брейгель Старший П.
Пейзаж с падением Икара. Ок. 1558

скульптур и рисунков XV-XVIII столетий. Ядро коллекции составляет живопись голландских и фламандских художников — Рогира Ван дер Вейдена, Петруса Кристуса, Дирка Боутса, Ганса Мемлинга, Иеронимуса Босха, Питера Брейгеля Старшего, Питера Пауля Рубенса, Якоба Йорданса, Антониса Ван Дейка.

Музей современного искусства демонстрирует работы художников XIX-XX веков. На шести этажах здания расположены произведения западноевропейской живописи, скульптуры и рисунка этого периода. В экспозиции можно увидеть работы Пьера-Огюста Ренуара, Альфреда Сислея, Жоржа Сера, Поля Синьяка, Эдуарда Мане, Поля Гогена, Пьера Боннара, Джеймса Энсора, Рика Ваутерса, Рене Магритта, Поля Дельво и других выдающихся мастеров.

Музеи Антуана Виртца и Константена Менье, расположенные в особняках художников, посвящены творчеству этих мастеров, являющихся ключевыми фигурами в искусстве Бельгии XIX века.

Эрман Ш.
На рассвете. 1875

БУДАПЕШТ
Музей изобразительных искусств

Будапештский музей изобразительных искусств хранит одно из наиболее значительных собраний искусства в Центральной Европе. Датой основания музея считается 1802 год — время возникновения его предшественника, Венгерского национального музея. Однако широкий доступ к коллекциям был открыт только в 1896 году. Сегодня музей располагается на Площади Героев, в здании, построенном в неоклассическом стиле в 1900-1906 годах по проекту архитекторов А. Шикеданца и Ф. Ф. Херцога. Коллекции музея создавались на основе частных художественных собраний, наиболее значительное из которых в 1871 году было приобретено у богатого княжеского рода Эстерхази.

Музей состоит из 8 отделов, представляющих египетское искусство, искусство античности, скульптуру эпохи барокко, работы старых мастеров, рисунки и гравюры, искусство XIX века, искусство XX века, а также современную скульптуру. Наиболее богатым является собрание полотен мастеров эпохи Возрождения и Нового времени. Итальянское искусство этого периода представлено картинами Рафаэля, Тициана, Якопо Тинторетто, Паоло Веронезе, Джованни Баттиста Тьеполо. Великолепное собрание испанской живописи включает в себя полотна Эль Греко, Франсиско де Сурбарана, Бартоломе Эстебана Мурильо, Франсиско де Гойи, а также одну из ранних работ Диего Веласкеса — «Завтрак». Залы нидерландской и фламандской живописи украшают картины Питера Брейгеля Старшего, Ганса Мемлинга, Якоба Йорданса, Франса Халса, Рембрандта, Питера Пауля Рубенса. Также в отделе собраны работы таких прославленных живописцев как Альбрехт Дюрер, Ганс Гольбейн Младший, Лукас Кранах Старший, Клод Лоррен, Жан Батист Симеон Шарден, Уильям Хогарт.

Европейская живопись XIX и XX веков лучше всего представлена творчеством французских художников — Эжена Делакруа, Камиля Коро, Гюстава Курбе, Эдуарда Мане, Поля Сезанна. В музее собраны работы известнейших скульпторов этого времени, таких как Огюст Роден, Шарль Деспье, Константин Менье.

Интересен отдел рисунка и гравюры, включающий в себя более 100 000 произведений, в том числе работы Леонардо да Винчи, Рафаэля Санти, Никола Пуссена, Альбрехта Дюрера, Питера Брейгеля Старшего, Винсента Ван Гога, Пабло Пикассо и других известных художников.

Аверкамп Х. Пейзаж с катком

Сислей А. Церковь в Море. 1893-1894

Веласкес Д. Крестьянский ужин. 1618-1619

БОРНМУТ
Художественная галерея Рассел-Коутс

В английском городе Бурнмут хранится одна из крупнейших частных коллекций произведений искусства в Великобритании. Она была собрана супругами Мертоном и Энни Рассел-Коутс в XIX — начале XX столетия. Предметы, купленные четой Рассел-Коутс в основном во время кругосветных путешествий, находились первоначально в их доме, однако скоро он оказался мал для того, чтобы вместить постоянно увеличивающуюся коллекцию. В 1897-1907 годах для ее хранения было построено отдельное здание, возведением которого руководил архитектор Джон Фредерик Фогерти. Этот дом, как и находящиеся в нем произведения искусства, вскоре был подарен городу, и 10 марта 1922 года получил статус музея.

Мертон Рассел-Коутс был страстным поклонником живописи прерафаэлитов. Сейчас в музее хранится более 200 работ кисти Альберта Джозефа Мура, Данте Габриэля Россетти, Артура Хьюза, Джона Бретта, Симеона Соломона, Лоренса Альма-Тадемы, Эвелин Де Морган, Уильяма Пауэлла Фрита и других художников этого направления. Особенно интересны «Venus Verticordia» Россетти и «Разгар лета» Мура.

Музей размещает крупную коллекцию искусства Японии, собранную супругами Рассел-Коутс во время их путешествия в Страну Восходящего солнца в 1885 году.

Хьюз А.
Небесные ступени. 1887-1888

Россетти Д. Г.
Venus Verticordia. 1864-1868

Мур А. Дж.
Разгар лета. 1887

В настоящее время собрание насчитывает около 2000 экспонатов и включает в себя керамику, изделия из металла, декоративную скульптуру, коллекцию костюма и другие предметы. Особенно ценна коллекция гравюры, включающая работы Хокусая, Хиросигэ, Куниеси и Кунисады.

Заслуживает внимания также собрание европейской скульптуры XIX столетия и комната, посвященная актеру Генри Ирвингу.

Альма-Тадема Л.
Всегда рада. 1887

БУФФАЛО
Художественная галерея Олбрайта-Нокса

Художественная галерея Олбрайта-Нокса, расположенная в американском городе Буффало, является одним из интереснейших художественных музеев США. Ее здание было построено архитектором Эдвардом Б. Грином в 1901 году на деньги известного предпринимателя Джона Дж. Олбрайта. Позже галерея была существенно увеличена под руководством архитектора Гордона Баншафта Скидмора. В 1962 году коллекция музея была пополнена внушительными пожертвованиями Сеймура Нокса и его семьи, и с тех пор носит двойное название Олбрайта-Нокса.

Экспозиция музея предлагает обзор мирового искусства с древних времен до наших дней. В залах галереи особенно широко представлена скульптура Месопотамии, датированная 3 тысячелетием до н. э., живопись и скульптура эпохи Ренессанса, американское и европейское искусство XVIII-XIX столетий.

Широкую известность галерея Олбрайта-Нокса получила благодаря своему собранию современного искусства, которое считается одним из лучших в мире. В экспозиции представлены работы импрессионистов и постимпрессионистов, в том числе Поля Гогена и Винсента Ван Гога. Кубизм, сюрреализм, конструктивизм, а также другие тенденции в искусстве первой половины XX века широко проиллюстрированы произведениями Пабло Пикассо, Жоржа Брака, Анри Матисса, Андре Дерена, Хуана Миро, Пита Мондриана, Александра Родченко. Среди художников второй половины прошлого столетия выделяются Аршил Горки, Джаспер Джонс, Энди Уорхолл и Джексон Поллок.

Матисс А.
Нотр Дам утром. 1902

Тиссо Дж.
Светская дама. 1883-1885

Марк Ф.
Волки. 1913

Гоген П. Дух мертвых не дремлет. 1892

БУХАРЕСТ
Национальный художественный музей

Бухарестский Национальный художественный музей хранит крупнейшее в Румынии собрание произведений искусства. Он был основан в 1948 году на базе королевской коллекции. Музей располагается в здании бывшего королевского дворца, построенном в 1937 году.

Сегодня собрание музея насчитывает более 70 000 экспонатов, которые размещаются в двух отделах. В «Национальной галерее» выставлены произведения румынского искусства, начиная с эпохи Средневековья до наших дней. Особенно интересны работы крупнейших мастеров XIX-XX веков: Георге Татареску, Теодора Амана, Николае Григореску, Константина Бранкузи. «Мировая галерея» представляет западноевропейскую живопись, скульптуру, декоративно-прикладное искусство, а также собрание искусства Востока. Здесь можно увидеть картины прославленных старых мастеров: Доменико Венециано, Якопо Тинторетто, Эль Греко, Питера Пауля Рубенса, Яна Ван Эйка, Яна Брейгеля Старшего, Рембрандта. Жемчужины собрания — «Портрет Фаринелли» Якопо Амигони, «Распятие» Антонелло да Мессины, «Святой Иероним» Лоренцо Лотто, парные портреты «Читающий мужчина» и «Молящаяся женщина» Ганса Мемлинга. Широко представлены полотна импрессионистов — Клода Моне, Пьера-Огюста Ренуара, Поля Сезанна, Альфреда Сислея.

Эль Греко. Обручение Марии. 1612-1614

Рубенс П. П. Женский портрет. 1606-1608

Лукьян Ш. Последние осенние скачки. 1892

Брейгель Младший П. Подготовка цветников. 1617-1638

ВАРШАВА
Национальный музей

Национальный музей в Варшаве является хранителем крупнейшей в Польше коллекции искусства. Он возник в 1916 году на базе собрания Музея изобразительных искусств, основанного в 1862 году, и ряда других варшавских музеев. В своем нынешнем здании музей располагается с 1938 года.

Сегодня музей насчитывает около 780 000 предметов, хранящихся в отделах Древнего искусства, Средневекового искусства, галерее Фараса, отделах Иностранной живописи, Польской живописи, Восточного искусства, Польского искусства XX века, Польского декоративного искусства, и Европейского декоративного искусства.

Отдел искусства древних цивилизаций демонстрирует предметы, в большинстве своем найденные в археологических экспедициях и поступившие из частных собраний. Это египетские саркофаги, каменная и деревянная скульптура, греческие амфоры, месопотамские глиняные таблички и многое другое.

Интересна галерея Фараса, экспонирующая предметы, найденные в археологической экспедиции в Судан, проходившей под руководством профессора Казимира Михайловского. Экспедиция была призвана спасти ценности Нубии от затопления водами Нила в связи со строительством Асуанской плотины. Главная ценность галереи — 60 фресок из собора в Фарасе, являющиеся шедеврами религиозной живописи Африки.

Энгр Ж. О. Д.
Академический этюд мужского торса. 1801

Святая Екатерина, искушаемая демонами. Ок. 1500

В музее широко представлено польское искусство, однако более интересен отдел иностранной живописи, в котором собраны работы ведущих западноевропейских художников XVI-XIX столетий. Лучше всего в музее представлено творчество нидерландских и фламандских мастеров, таких как Мартен Ван Хемскерк, Адриан де Врис, Питер Артсен, Карел Фабрициус, Питер Пауль Рубенс, Якоб Йорданс, Хендрик Тербрюгген, Питер Санредам, Виллем Клас Хеда, Ян Стен, и Герард Терборх Младший.

В галерее декоративного искусства можно полюбоваться изделиями из золота, Лиможскими эмалями, итальянской майоликой, Мейсенским и Севрским фарфором, а также предметами мебели.

Матейко Я.
Битва при Грюневальде. 1878

Брейгель Старший Я.
Засада в лесу. Ок. 1605

ВАШИНГТОН
Музей Смитсоновского института

Уистлер Дж.
Автопортрет в шляпе. 1857-1858

Кэссет М.
Портрет женщины в малиновом платье с собачкой. 1900

Хэссэм Ф. Ч.
Китайские лавочки. 1909

Смитсоновский институт является одним из крупнейших в мире музейных комплексов, а также важнейшим научно-исследовательским и культурным центром США. Он был основан в 1846 году на средства известного английского ученого Джеймса Смитсона. В своем завещании Смитсон пожелал передать сумму около 5 миллионов долларов, а также свою библиотеку и коллекцию минералов Соединенным Штатам Америки «с целью расширения и распространения знаний». Что побудило ученого, никогда не бывавшего за океаном, оставить свое наследство именно этой стране до сих пор остается загадкой.

Смитсоновский институт включает в себя музеи африканского искусства, авиации и космонавтики, американского искусства, американской истории, естественной истории, почтовый музей, Национальную портретную галерею, Национальную художественную галерею, галерею Фрира, галерею Артура М. Сэклера, Дом искусств и промышленности, музей Хиршхорна и Сад скульптур, Центр истории и культуры американцев африканского происхождения, а также зоопарк. Большинство из них находятся на аллее Национальный мол недалеко от Капитолия, остальные — в других частях города. Национальный музей дизайна и Национальный музей американских индейцев, также включенные в структуру Смитсоновского института, находятся в Нью-Йорке. Собрание комплекса насчитывает более 140 000 000 предметов.

Галерея Артура Сэклера и галерея Фрира демонстрируют одно из крупнейших в США собраний азиатского искусства, охватывающее периоды с древних времен до наших дней. В экспозициях можно увидеть древнее иранское серебро, индийскую скульптуру, персидские рукописи, японскую керамику и лаки, китайскую бронзу и многие другие предметы.

В Музее Хиршхорна и саду скульптур собрана коллекция искусства XIX-XX веков. Здесь экспонируются скульптуры Огюста Родена, произведения изобретателя мобильной скульптуры Александра Колдера, картины Эдуарда Хоппера, Виллема де Кунинга, Энди Уорхолла, Тома Весселманна, и других известных живописцев.

Смитсоновский музей американского искусства хранит крупнейшее в мире собрание искусства США. Оно включает в себя работы более чем 7000 художников, в том числе таких прославленных как Джон Синглтон Копли, Уинслоу Хомер, Джон Сингер Сарджент, Чайлд Хэссам, Джорджия О'Киффи, Эдуард Хоппер, Томас Лоренс, Роберт Раушенберг. В музее также собраны коллекции американской скульптуры, литографии, фотографии, эскизов, предметов народного искусства.

Интересна Национальная портретная галерея, демонстрирующая портреты выдающихся американцев. Один из залов полностью посвящен Джорджу Вашингтону.

Вход во все музеи свободный. Также бесплатно можно получить буклеты и сфотографировать любые представленные экспонаты.

ВАШИНГТОН
Национальная картинная галерея

Вашингтонская Национальная картинная галерея хранит и экспонирует одно из крупнейших в мире художественных собраний. Огромное здание музея было построено по проекту известного американского архитектора Джона Рассела Поупа в 1937 году. Ядро собрания, открытого для публики в 1941 году, составила внушительная коллекция Эндрю Меллона, занимавшего пост министра финансов США, а также другие частные коллекции, переданные в дар музею. Сегодня музей насчитывает более 110 000 произведений искусства и включает в себя коллекции живописи, скульптуры, рисунка, гравюры, графики и декоративно-прикладного искусства.

Живопись занимает основное место в собрании галереи. Коллекция итальянской живописи является одной из самых полных в мире и включает в себя работы Дуччо ди Буонинсеньи, Карло Кривелли, Джорджоне, Джованни Беллини,

Магритт Р.
Карт-бланш. 1965

Гоген П.
Гротеск (Автопортрет). 1889

Тициан.
Венера и Адонис. Ок. 1560

Матисс А.
Натюрморт со спящей женщиной

Рафаэль.
Мадонна Альба. 1510-1511

Климт Г.
Дитя. 1917-1918

Эль Греко.
Изгнание торгующих из храма. Ок. 1570

Гоген П.
Танец бретонок. 1888

Каналетто. Площадь Сан Марко.
1735-1740

Сандро Боттичелли, Паоло Веронезе, Пьетро Перуджино, Леонардо да Винчи, Рафаэля, Тициана, Микеланджело да Караваджо, Понтормо, Якопо Тинторетто, Доменико Фетти, Каналетто, Бернардо Беллотто, Франческо Гварди, Джованни Паннини, Джованни Баттиста Тьеполо. К жемчужинам собрания можно причислить работу Рафаэля «Мадонна Альба», купленную у ленинградского Эрмитажа более чем за 1 миллион долларов. Западноевропейская живопись других школ представлена полотнами Эль Греко, Рембрандта, Яна Вермеера, Питера Пауля Рубенса, Томаса Гейнсборо, Эдуарда Мане, Эдгара Дега, Поля Сезанна, Пабло Пикассо и других выдающихся мастеров. Большая коллекция американской живописи включает в себя работы известнейших художников Нового света — Томаса Икинса, Джаспера Джонса, Джеймса Уистлера, Эдуарда Хоппера, Джорджа Уэсли Беллоуза, Джексона Поллока, Аршила Горки, Марка Ротко.

Собрание скульптуры и прикладного искусства образовалось на базе прекрасной коллекции, переданной музею Джозефом Вайднером, и включает в себя скульптуры Огюста Родена, средневековые гобелены, итальянскую майолику, французскую королевскую мебель и другие предметы. Галерея хранит выдающееся собрание гравюр и рисунков, насчитывающее около 100 000 произведений. Почти треть из них была подарена музею Лессингом Розенвальдом. Славу коллекции составляют работы Андреа Мантеньи, Альбрехта Дюрера, Питера Брейгеля Старшего, Питера Пауля Рубенса, Рембрандта, Каналетто, Оноре Домье.

ВЕНА
Музей истории искусств

Музей истории искусств в Вене содержит одно из интереснейших в Европе художественных собраний. Оно сформировано на основе коллекций династии Габсбургов (в наибольшей степени — прекрасных собраний императора Рудольфа I и эрцгерцога Леопольда Вильгельма). В основном здании, расположенном на площади Марии-Терезии, размещены коллекции древнеегипетского, античного и восточного искусства, собрание скульптур и декоративно-прикладного искусства, картинная галерея и кабинет нумизматики, открытые для публики в 1891 году. Музей имеет ряд филиалов, к которым относятся Музей оружия, собрание костюмов и экипажей, коллекция музыкальных инструментов, Новая картинная галерея, в которой представлено искусство XIX века. Во дворце Хофбург с давних времен расположена Светская сокровищница, в которой хранятся корона, скипетр и меч Священной Римской Империи, принадлежавшие императору Оттону I.

Картинная галерея обладает крупным собранием западноевропейской живописи. Особенно полно представлено творчество итальянских художников эпохи Ренессанса, в том числе работы Антонелло да Мессины, Джованни Беллини, Корреджо, Паоло Веронезе, Джорджоне, Микеланджело да Караваджо, Якопо Тинторетто, Якопо Бассано, Лоренцо Лотто. К жемчужинам коллекции итальянской живописи относятся полотна Андреа Мантеньи, Тициана и Рафа-

Брейгель Старший П. Охотники на снегу. 1565

Брейгель Старший П. Вавилонская башня. 1563

Караваджо. Давид с головой Голиафа. 1605

Дюрер А.
Поклонение Троице. 1511

Веласкес Д.
Портрет инфанты Маргариты. 1656

Дюрер А.
Портрет императора Максимилиана. 1519

Тициан.
Ecce Homo. 1543

эля. Музей демонстрирует богатое собрание нидерландской живописи. Обращает на себя внимание крупнейшая в мире коллекция работ Питера Брейгеля Старшего, в том числе его прославленные полотна «Зима» (известное как «Охотники на снегу») и «Избиение младенцев». В экспозиции можно увидеть картины таких мастеров как Ян Ван Эйк, Рогир Ван дер Вейден, Иеронимус Босх, Рембрандт, Питер Пауль Рубенс, а также единственную в Австриии картину Яна Вермеера «Искусство живописи». Картины художников других стран представлены не так богато, однако нельзя обойти вниманием работы Альбрехта Дюрера, Ганса Гольбейна Младшего, Альбрехта Альтдорфера, Лукаса Кранаха и Диего Веласкеса.

Собрание скульптур и декоративно-прикладного искусства является одним из крупнейших в Европе. Его ядро составила «Кунсткамера» эрцгерцога Фердинанда Тирольского, одного из величайших в истории коллекционеров. Собрание охватывает практически все крупные течения и школы в европейском искусстве от средних веков до конца XVIII столетия. Интересны коллекции шпалер, изделий из кости,

ВЕНА
Музей Лихтенштейна

Музей Лихтенштейна в Вене не принадлежит к числу крупнейших музеев мира, однако, может быть причислен к наиболее интересным и своеобразным. Его основу составила коллекция королевского дома Лихтенштейнов, одного из старейших в Европе, а также некоторые частные собрания. В 1938 году сокровища музея в целях безопасности были перевезены в Вадуц, одну из резиденций королевского рода. В 2004 году экспонаты были возвращены в Вену и открыты для посетителей во дворце Лихтенштейнов в Россау. Сегодня собрание насчитывает 1500 живописных полотен. В залах музея они соседствуют со скульптурой и прекрасными образцами декоративно-прикладного искусства, погружая посетителя в атмосферу королевской резиденции.

Коллекция живописи включает в себя работы мастеров разных стилей и школ со времен Возрождения до XIX столетия. В музее собраны полотна Рафаэля, Париса Бордоне, Гвидо Рени, Питера Брейгеля Младшего и его брата Яна Брейгеля, Антониса Ван Дейка, Франса Халса, Рембрандта, Франческо Айеца, Фердинанда Георга Вальдмюллера и других выдающихся живописцев. Гордостью музея является коллекция из 33 работ Питера Пауля Рубенса. Музей демонстрирует интересное собрание скульптуры, включающее в себя работы Андреа Мантеньи, Джамболоньи, Антонио Кановы.

*Доу Г.
Скрипач*

*Рубенс П. П.
Вознесение Богоматери. 1637*

*Ван Дейк А.
Святой Иероним. 1615-1616*

*Тенерани П.
Бюст девочки. 1837*

Постумус Г. Пейзаж с римскими руинами. 1536

ВЕНЕЦИЯ
Галерея Академии

Венецианская Галерея Академии хранит одно из крупнейших в Италии художественных собраний. С 1807 года и по сегодняшний день она располагается в здании церкви Санта Мария делла Карита на южном берегу Большого Канала и является одной из главных достопримечательностей Венеции. Здание было построено в 1452 году по проекту архитектора Бартоломео Бона.

Галерея Академии демонстрирует крупнейшее в мире собрание работ венецианских живописцев. В музее представлены полотна практически всех выдающихся мастеров этой школы, расположенные в экспозиции в хронологическом порядке. Ее открывает творчество художников Раннего Возрождения Паоло и Лоренцо Венециано. Живопись XV столетия представлена такими именами как Джованни и Джентиле Беллини, Андреа Мантенья. Обращают на себя внимание известный цикл картин Витторе Карпаччо «Сцены из жизни Святой Урсулы» и прославленная «Гроза» Джорджоне. В разделе, посвященном живописи XVI столетия, можно увидеть полотна Тициана, величайшего художника венецианской школы, а также одно из первых произведений Якопо Тинторетто «Чудо раба», известную работу Паоло Веронезе «Пир в доме Левия», живописные полотна Лоренцо Лотто и других художников. Достаточно полно представлена живопись XVII-XVIII веков, в том числе работы Франческо Гварди, Каналетто, Джованни Баттиста Пьяццетты, Пьетро Лонги и Джованни Баттиста Тьеполо.

Джорджоне. Гроза. Ок. 1505

Карьера Р. Флора. 1730

Риччи М. Пейзаж с лошадьми. 1720

Белотто Б. Скуола Сан Марко. 1738-1740

ВЕНЕЦИЯ
Галерея Кверини Стампалья

Галерея Кверини Стампалья входит в число прекраснейших музеев Венеции. Она была основана в 1869 году и носит название семейства, владевшего первой вошедшей в состав музея коллекцией. Галерея занимает 20 залов на втором этаже дворца, расположенного недалеко от площади Святого Марка и украшающего своим фасадом левый берег Большого Канала.

Гордость музея — собрание живописи, состоящее в основном из работ итальянских мастеров XIV-XVIII веков. Здесь можно увидеть выдающиеся полотна крупнейших художников венецианской школы, такие как «Святая беседа» Пальма Веккьо, «Преображение Святого Павла» Андреа Скьявоне, «Поклонение Мадонне» Лоренцо ди Креди, «Автопортрет» и «Адам и Ева» Пальма Джоване, «Портрет Дж. Кверини» Джованни Баттиста Тьеполо, «Охота в долине» Пьетро Лонги, «Мадонна с младенцем» Бернардо Строцци. Жемчужины собрания — картины прославленного венецианского художника Джованни Беллини, самая известная из которых — «Принесение во храм». Другие итальянские школы живописи представлены лишь фрагментарно. Обращают на себя внимание произведения великого Рафаэля.

Также галерея размещает крупное собрание гравюры и рисунка итальянских мастеров, среди которых выделяются работы Рафаэля, Тициана, Якопо Тинторетто, Паоло Веронезе и Джованни Беллини. Также заслуживают внимания коллекции скульптуры, мебели, фарфора, текстиля и музыкальных инструментов.

Беллини Джованни. Введение во храм. 1459

Джордано Л. Левкипп. 1652-1653

Пальма Веккио. Женский портрет

Тампеста П. Охота на оленя. 1687-1690

Каналетто. Женская регата на Большом канале. 1764-1768

ВЕНЕЦИЯ
Городской музей Коррер

Городской музей Коррер хранит одну из интереснейших художественных коллекций Венеции. Он был создан на базе собрания патриция Теодоро Коррера, подаренного городу в 1830 году. До 1922 года музей располагался в здании Дворца Коррер, а затем произведения искусства были перевезены в Наполеоновское крыло здания Новых прокураций, где они доступны для публики и сейчас.

Сегодня музей включает в себя интересные Исторические коллекции, занимающие большую часть здания, Музей Рисорджименто и Картинную галерею. Последний отдел музея размещается в девятнадцати залах на третьем этаже и представляет живописные произведения от эпохи Средневековья до XVII века, а также небольшую коллекцию керамики. Здесь можно увидеть важнейшие работы итальянских мастеров — Паоло и Лоренцо Венециано, Козимо Тура, Бартоломео Виварини, Витторе Карпаччо, Лоренцо Лотто, Антонелло да Мессина. Тринадцатый зал целиком посвящен творчеству прославленной семьи венецианских живописцев — Джованни, Якопо и Джентиле Беллини. Здесь выставлены их важнейшие работы, среди которых «Портрет дожа Джованни Мочениго», «Распятие», «Мадонна с младенцем», «Мертвый Христос, поддерживаемый двумя ангелами», «Преображение Христа». Из полотен мастеров других школ можно выделить «Поклонение волхвов» Питера Брейгеля Старшего, «Распятие» Гуго Ван дер Гуса, «Мадонну с младенцем» Дирка Боутса, а также несколько картин Лукаса Кранаха Старшего.

В стенах музея экспонируются образцы скульптуры, в том числе ранние произведения Антонио Кановы, самое известное из которых — «Дедал и Икар».

Канова А.
Дедал и Икар. 1777-1779

Беллини Джентиле.
Портрет дожа Джованни Мочениго. 1480

Карпаччо В.
Венецианские куртизанки. 1505

Беллини Джованни.
Распятие. 1455

Тура К.
Пьета. 1460

Пьяцца А.
Отъезд Франческо Морозини (фрагмент). Конец XVII в.

ВЕНЕЦИЯ
Музей Венеции XVIII века

Музей Венеции XVIII века расположен в здании Палаццо Рецционико. Оно было построено в 1745 году архитектором Джорджо Массари и фасадом выходит на Большой канал. В 1935 году дворец был куплен городскими властями, и в нем был воссоздан интерьер аристократических венецианских вилл XVIII века. Открытие музея состоялось 25 апреля 1936 года.

Собрание декоративно-прикладного искусства уникально. В роскошных интерьерах музея можно увидеть инкрустированную мебель известного мастера Брустолона, коллекцию фламандских гобеленов XVII века, собрание изделий из великолепного венецианского стекла, выполненных мастерами с острова Мурано.

Музей украшают также прекрасные образцы живописи. Несколько фресок выполнены великим мастером XVIII столетия Джованни Баттиста Тьеполо. Один из залов целиком посвящен его творчеству. В зале Пьетро Лонги представлен цикл из 34 небольших картин, выполненных этим художником на сюжеты из венецианской жизни. В зале пастелей выставлены работы популярной художницы Розальбы Каррьеры, работавшей преимущественно в этой технике. Также музейное пространство украшено картинами Джованни Баттиста Пьяццетты, Яна Лисса, Джузеппе Цайса, Франческо Гварди и других венецианских живописцев. Интерес представляют предметы прикладного искусства и быта, выставленные на третьем этаже: лавка аптекаря и Театр марионеток с коллекцией венецианских кукол XVIII столетия.

Каналетто.
Вид на Большой канал со стороны Палаццо Бальби

Пеллегрини Дж.
Муций Сцевола. 1706-1708

Каналетто. Венецианский вид

ВИЛЬЯМСТАУН
Художественный институт Кларка

Художественный институт Кларка, расположенный в американском городе Вильямстаун, хранит одну из крупнейших в США частных художественных коллекций. Он был основан предпринимателем и видным коллекционером Стерлингом Кларком и его женой Фрэнсин. Первоначально институт находился в Нью-Йорке, однако, в условиях холодной войны, его основатели посчитали опасным хранить свою бесценную коллекцию в крупном городе, и перевезли его в Вильямстаун, где 17 мая 1955 года институт был открыт для публики. Сегодня он демонстрирует прекрасное собрание, включающее в себя коллекции живописи, гравюры, рисунка, фотографии, а также предметы декоративно-прикладного искусства XIV-XIX столетий.

Собрание декоративно-прикладного искусства известно в первую очередь прекрасной коллекцией английского и американского серебра. Не менее богата коллекция фарфора, демонстрирующая великолепные изделия лучших фабрик: Мейсена, Венсенна, Севра, Вены и Вустера.

Коллекция живописи отражает художественные пристрастия ее собирателя. В ней представлены работы «старых мастеров», а также художников XVII-XVIII столетий. В основном это полотна итальянских, французских и нидерландских живописцев, в том числе Уголино ди Нерио, Квентина Массейса, Жана Оноре Фрагонара. Живопись XIX столетия представлена более полно. В музее собрано творчество представителей академизма — Адольфа Вильяма Бугро, Жана Леона Жерома, Альфреда Стивенса. Однако наибольшее внимание в коллекции уделено импрессионистам и постимпрессионистам, среди которых выделяются Клод Моне, Камиль Писсарро, Поль Гоген, Пьер Боннар. Гордостью музея является коллекция работ Пьера-Огюста Ренуара, насчитывающая 35 полотен. Собрание искусства XIX века также украшают работы Теодора Жерико, Жака Луи Давида, Уильяма Тернера и Франсиско де Гойи.

Обращает на себя внимание крупная коллекция американской живописи, включающая в себя полотна Уинслоу Хомера, Джона Сингера Сарджента, Джорджа Иннесса, Мэри Кэссет, Фредерика Ремингтона.

Интересна коллекция гравюр и рисунков, состоящая почти из 4000 экспонатов. Жемчужинами собрания являются работы Альбрехта Дюрера, Эдгара Дега, Анри де Тулуз-Лотрека, Поля Гогена, Уинслоу Хомера и Мэри Кэссет.

Бугро В. А.
Нимфы и сатир. 1873

Гоген П.
Бретонка за молитвой. 1894

Ж.-Л. Жером. Заклинатель змей. 1889

ВИНТЕРТУР
Вилла Ам Рёмерхольц

Вилла Ам Ремерхольц в Винтертуре хранит одну из прекраснейших в Швейцарии художественных коллекций. Она была собрана известным коллекционером Оскаром Рейнхартом, и в 1965 году по завещанию перешла государству. В 1970 году вилла Рейнхарта и пристроенное к ней здание галереи, вместившие в себя прекрасную коллекцию, были открыты для публики. Сегодня в этих двух зданиях, построенных женевским архитектором Морисом Турреттини, можно увидеть собрания живописи, скульптуры и гобеленов. Коллекция живописи состоит из работ западноевропейских художников XV-XX веков. В музее представлены полотна многих выдающихся старых мастеров — Лукаса Кранаха Старшего, Ганса Гольбейна Младшего, Якопо Бассано, Эль Греко, Питера Брейгеля Старшего, Питера Пауля Рубенса, Франса Халса, Рембрандта, Никола Пуссена, Клода Лоррена. Залы, посвященные живописи XVIII-XIX столетий украшают работы Жана Батиста Симеона Шардена, Франсуа Буше, Жана-Оноре Фрагонара, Жака Луи Давида, Доменика Энгра, Эжена Делакруа, Теодора Жерико, Камиля Коро, Джона Констебла, Оноре Домье и Густава Курбе. Отдельного упоминания заслуживает прекрасная коллекция импрессионистов и постимпрессионистов, включающая в себя полотна Камиля Писсарро, Эдгара Дега, Клода Моне, Пьера-Огюста Ренуара, Эдуарда Мане, Поля Сезанна, Винсента Ван Гога, Поля Гогена, Анри де Тулуз-Лотрека. В музее представлена также коллекция гобеленов XVI века и интересное собрание скульптур, состоящее из работ Огюста Родена, Пьера-Огюста Ренуара, Аристида Майоля и Шарля Деспье.

Энгр Ж. О. Д.
Портрет Дельфины Энгр. 1859

Сезанн П.
Автопортрет. 1879-1880

Дега Э.
Танцовщица в гримерке. 1880

Ренуар О.
Разговор. 1878

Курбе Г. Гамак. 1844

ГААГА
Королевская картинная галерея Маурицхейс

Королевская картинная галерея Маурицхейс в Гааге хранит одно из интереснейших в Голландии художественных собраний. Основу музея составляет коллекция принца Виллема V, собранная в конце XVIII века. Его сын, король Виллем I, передал коллекцию государству, и в 1820 году она была открыта для публики. С тех пор и до сегодняшнего дня галерея располагается в одном из шедевров голландского зодчества — здании, построенном известным архитектором Яном Ван Кампеном в 1633 году.

Собрание музея состоит приблизительно из 800 картин, а также нескольких скульптур, гравюр и рисунков. Количество экспонатов сравнительно невелико, однако многие из них являются шедеврами мирового искусства. В музее представлена прекрасная коллекция голландской и фламандской живописи XV-XIX веков, включающая работы таких мастеров как Карел Фабрициус, Ян Стен, Паулюс Поттер, Амброзиус Босхарт, Рогир Ван дер Вейден, Ганс Мемлинг, Питер Пауль Рубенс, Антонис Ван Дейк, Корнелис Трост, Адриан Корте. К жемчужинам собрания можно причислить несколько работ Рембрандта, в том числе прославленное полотно «Урок анатомии доктора Тульпа», а также единственный пейзаж кисти Яна Вермеера «Вид Делфта». Среди представителей зарубежных школ живописи выделяются имена Лукаса Кранаха Старшего и Ганса Гольбейна Младшего.

Вермеер Я.
Девушка с жемчужной сережкой. 1665-1666

Лейстер Ю.
Мужчина, предлагающий женщине деньги. 1631

Рембрандт.
Автопортрет. 1629

Босхарт А.
Букет цветов. Ок. 1619-1620

Класс П.
Vanitas. 1630

ГААГА
Музей Бредиуса

Музей Бредиуса в Гааге хранит прекрасное собрание знаменитого коллекционера и историка искусства Абрахама Бредиуса. Главным образом он известен как исследователь голландского искусства XVII века и многолетний директор музея Маурицхейс. В 1946 году посмертно коллекция Бредиуса перешла к муниципалитету Гааги и была открыта для публики. В 1985 году музей был закрыт, и по прошествии пяти лет открылся в новом здании на Ланге Вайверберг, где расположен и сейчас.

Коллекция музея в основном состоит из работ нидерландских и фламандских живописцев, что отражает вкусы ее собирателя. Украшением экспозиции являются полотна Антониса Ван Дейка, Франса Халса, Виллема Класа Хеды, Томаса де Кейсера, Рембрандта, Саломона Ван Рейсдала, Яна Стена, Давида Тенирса Младшего, Эсайаса Ван де Велде, Корнелиса де Воса. Зарубежные школы живописи представлены картинами таких мастеров как Якопо Амигони, Джузеппе Рекко, Лоренс Альма-Тадема, а также произведениями других художников.

Интересна коллекция декоративно-прикладного искусства, демонстрирующая немецкую мелкую пластику, японскую и китайскую посуду, фарфор знаменитой мейсенской фабрики и другие предметы.

Стен Я.
Двое в спальне. 1668-1670

Рембрандт.
Христос

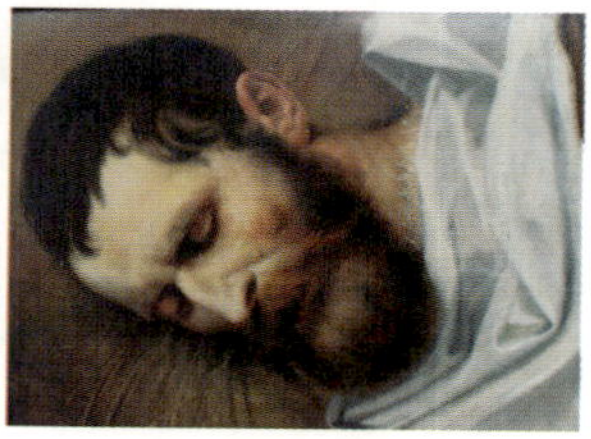

Вос К. де.
Голова мертвого мужчины.
1610-1620

Стен Я. Брачная ночь Товия и Сары

Хеда В. К. Vanitas. 1628

ГАМБУРГ
Художественный музей

Художественный музей в Гамбурге — один из крупнейших в Германии. Своим существованием он обязан гамбургскому Художественному Союзу, по инициативе которого музей был открыт в 1869 году на основе многочисленных пожертвований. Его собрание было размещено в новом здании, построенном в этом же году под руководством архитектора Георга Теодора Ширрмахера.

Сегодня музей включает в себя отделы живописи старых мастеров, искусства XIX века, классического модернизма и современного искусства. Галерея старых мастеров состоит из работ северогерманских художников, голландской живописи XVII столетия, искусства итальянского Возрождения и полотен французских художников XVI-XVIII веков. Ее украшают картины Ганса Гольбейна Старшего, Мастера Бертрама, Ганса Бургкмайра Старшего, Яна Массейса, Питера Янса Санредама, Эммануэля де Витте, Рембрандта, Якоба Ван Рейсдала, Питера Пауля Рубенса. В экспозиции присутствуют также работы гамбургских живописцев — Мастера Франке, Георга Хинца и Бальтазара Деннера.

Коллекция искусства XIX столетия является одной из самых значительных в мире. Ее открывает прекрасное собрание работ немецкого художника Филиппа Отто Рунге. Широко представлены работы и других живописцев Германии — Йозефа Антона Коха, Юлиуса Шнорр фон Каролсфельда, Каспара Давида Фридриха, Ансельма Фейербаха, Ханса фон Маре, Адольфа фон Хильдебранда, Адольфа Менцеля, Вильгельма Лейбля. В залах музея можно найти работы почти всех выдающихся французских художников середины и конца XIX века — Гюстава Курбе, Камиля Коро, Оноре Домье, Эдгара Дега, Анри де Тулуз-Лотрека, Поля Гогена, Пьера-Огюста Ренуара, Эдуарда Мане, Клода Моне, Альфреда Сислея и Поля Сезанна. Отдельный зал посвящен барбизонской школе живописи — творчеству Теодора Руссо, Шарля Франсуа Добиньи, Констана Труайона и других художников, входивших в эту группу.

Собрание искусства XX века считается одним из лучших в Германии. Среди многочисленных работ, выставленных в этом отделе, можно встретить выдающиеся произведения Макса Бекманна, Оскара Кокошки, Эрнста Людвига Кирхнера, Эмиля Нольде, Франца Марка, Пауля Клее, Ловиса Коринта, Эдварда Мунка, Вильгельма Лембрука, Василия Кандинского, Пабло Пикассо, Андре Дерена, Жоржа Руо, Робера Делоне, Макса Эрнста, Рене Магритта и других известных художников.

Коринт Л.
После купания. 1906

Мане Э.
Нана. 1877

Моне К. Мост Ватерлоо. Туманное утро. 1899-1901

ГАРВАРД
Художественный музей Фогга

Художественный музей Фогга, является старейшим музеем Гарварда. В нем собрана одна из прекраснейших художественных коллекций США, которая была открыта для широкой публики в 1895 году.

Сегодня музей экспонирует произведения американской и европейской живописи, скульптуры, гравюры, рисунка, фотографии и декоративно-прикладного искусства. В галереях живописи основное место занимают работы крупнейших американских художников. В залах, посвященных искусству колониального периода можно встретить работы Джона Синглтона Копли, Роберта Фика, Вашингтона Оллстона и Гилберта Стюарта. Американская живопись XIX века представлена творчеством Чарлза Уилсона Пила, Уильяма Майкла Харнетта, Томаса Икинса, Уинслоу Хомера, Джона Сингера Сарджента, Джеймса Уистлера. Отдел портрета демонстрирует публике 1500 картин и скульптур американских мастеров.

Европейская живописная традиция отражена в музее не столь полно. Значительный интерес представляют работы художников итальянского Проторенессанса, голландского Золотого века, а также полотна прерафаэлитов и французских живописцев XIX столетия. Коллекция Вертхейма, выставленная на втором этаже музея, знакомит посетителей с творчеством импрессионистов и постимпрессионистов. Также стоит отметить богатое собрание полотен Пабло Пикассо.

Интересна крупная коллекция рисунков, насчитывающая более 13 000 произведений. Среди них — работы таких выдающихся мастеров, как Микеланджело Буонарроти, Джованни Баттиста Тьеполо, Питер Брейгель Старший, Рембрандт, Питер Пауль Рубенс, Никола Пуссен, Теодор Жерико, Эжен Делакруа, Эдгар Дега, Анри Матисс, Пабло Пикассо, Франсиско де Гойя, Данте Габриэль Россетти, Томас Гейнсборо.

Дега Э.
После купания. 1890-1895

Моро Г.
Химера. 1867

Россетти Д. Г.
La Donna Della Finestra. 1879

Уистлер Дж.
Зеленое и фиолетовое. Портрет миссис Вальтер. 1885-1886

Ван Гог В.
Автопортрет. 1888

ДЕНВЕР
Художественный музей

Художественный музей в Денвере экспонирует одно из крупнейших в Америке собраний искусства. Он был основан в 1893 году, а с 1971 года располагается в современном здании, построенном по проекту архитекторов Джио Понти и Джеймса Садлера.

Сегодня музей насчитывает более 55 000 экспонатов и разделен на секции: архитектуры и графики; текстиля; искусства стран Азии; искусства аборигенов Америки, Австралии и Океании; современного искусства; американской и европейской живописи и скульптуры; западноамериканского искусства. Гордостью музея является собрание искусства американских индейцев. Денверский художественный музей первым начал заниматься сбором и изучением индейского искусства, и сегодня имеет крупнейшую в мире коллекцию, насчитывающую более 16 000 единиц хранения.

Отдел европейской и американской живописи и скульптуры экспонирует более 3000 произведений. Наиболее широко представлены западноевропейская живопись эпохи Возрождения, работы французских живописцев и ваятелей XIX века, а также американское искусство всех направлений и периодов до 1945 года. Особого внимания заслуживают работы Клода Моне, Анри Матисса, Пабло Пикассо и Джорджии О'Киффи.

Интересен также отдел западноамериканского искусства, включающий в себя богатое собрание работ Фредерика Ремингтона и других художников.

Арчимбольдо Дж.
Лето. 1572

Моризо Б.
Фарфоровая супница и яблоко. 1877

Кривелли К.
Алтарь четырех святых. 1480

Дега Э.
Экзамен. 1880

Моне К. Водяные лилии. 1904

ДЕТРОЙТ
Музей искусств

Детройтский Институт искусств является хранителем одного из крупнейших художественных собраний в США. Музей был открыт в 1885 году. В 1927 году, вследствие увеличения собрания, он вынужден был переехать в новое здание на Вудвард-авеню. В этом здании, построенном по проекту архитектора Пола Крета, музей располагается и сегодня. Основа собрания была положена Уильямом Валентинером, ученым и историком искусства из Берлина, занимавшим пост директора музея с 1924 по 1945 год.

Особенностью Института искусств является разнообразие его собрания. Более чем сто галерей музея хранят коллекции американского, европейского, африканского, восточно-азиатского, исламского искусства, искусства древних цивилизаций, а также изделия аборигенов Америки и Океании. В галереях, экспонирующих американское искусство, собраны работы крупнейших художников США — Джона Синглтона Копли, Джорджа Калеба Бингема, Фредерика Эдвина Чёрча, Джеймса Уистлера, Джона Сингера Сарджента и Джона Слоуна. Интересна крупная коллекция американского декоративно-прикладного искусства, включающая в себя предметы мебели, керамику, изделия из серебра и стекла.

Европейское собрание демонстрирует широкий диапазон живописи, рисунка, скульптуры и прикладного искусства. В залах музея можно найти полотна Джованни Беллини, Тициана, Рембрандта и Питера Пауля Рубенса, рисунки Питера Брейгеля Старшего, Эдгара Дега, Поля Сезанна, Жоржа Сера, Никола Пуссена и Микеланджело да Караваджо, скульптуры Луки делла Роббиа, Никколо Пизано, Донателло, Лоренцо Бернини, Огюста Родена и других известных мастеров. Произведения вышеупомянутых авторов представлены в окружении прекрасных образцов прикладного искусства — предметов мебели, Севрского фарфора, гобеленов, изделий из керамики, стекла, серебра, и других экспонатов.

Ван Гог В.
Автопортрет. 1887

Фюсли Г.
Ночной кошмар. 1782

Брейгель Старший П.
Крестьянский танец. 1566

Ван Эйк Я.
Святой Иероним. 1435

Караваджо. Марфа и Мария Магдалина. 1598-1599

ДИЖОН
Музей Маньен

Музей Маньен обладает интереснейшей коллекцией европейского искусства, собранной в начале XX века Жанной и Морисом Маньен. Для ее хранения и показа они купили один из прекраснейших особняков Дижона, построенный в 1652-1681 годах архитектором Этьеном Лантеном. В этом здании, известном как «Отель Лантен», коллекция расположена и сегодня. В 1937 году собрание было передано государству и открыто для публики.

Коллекция Мориса Маньена и его сестры Жанны состоит более чем из 1300 картин, 700 рисунков, а также предметов мебели и археологических находок. Основу итальянского собрания составляет живопись венецианских художников XVI-XVIII веков и полотна ломбардских и неаполитанских мастеров XVII века. Наиболее известные имена, прекдставленные в экспозиции — Аньоло Бронзино, Алессандро Аллори, Лука Джордано, Ридольфо Гирландайо, Андреа Скьявоне, Ипполито Скарселлино, Джованни Баттиста Тьеполо. Северные школы живописи представлены большим количеством полотен Питера Ластмана, Бартоломеуса Ван дер Хелста, Герарда де Лайрессе, а также некоторыми работами Уильяма Хогарта, Фрэнсиса Хеймана, Генри Фюсли, Ганса Бальдунга Грина, Антона Рафаэля Менгса, Давида Тенирса и других известных художников.

Наиболее полно в музее представлена французская живопись. Галереи XVII века демонстрируют полотна Эсташа Ле Сюера, Лорана де Ла Ира, Себастьена Бурдона, Филиппа де Шампеня, Израэля Сильвестра и других известных художников. В разделе живописи XIX столетия особого внимания заслуживают полотна Антуана Жана Гро, Шарля Франсуа Добиньи, Франсуа Мариуса Гране, и Поля Делароша.

Кариани Дж.
Христос и блудница. 1530

Менгс А. Р.
Автопортрет. 1777

Ван дер Хельст Б.
Женский портрет. 1665

Жироде де Руси А.-Л.
Итальянский пейзаж. 1793

Креспи Дж.-Б.
Встреча Марии с Елизаветой. 1598-1600

Тьеполо Дж.-Б.
Муций Сцевола. 1725-1730

ДРЕЗДЕН
Картинная галерея

В Дрезденской картинной галерее собрана впечатляющая коллекция искусства, считающаяся одной из крупнейших в мире. Она расположена в дворцовом ансамбле Цвингер — выдающемся памятнике архитектуры эпохи барокко, построенном в начале XVIII столетия архитектором Даниэлем Пёппельманом. Собирать произведения искусства начал саксонский курфюрст Фридрих Мудрый ещё в начале XVI века. В 1560 году в Дрезденском замке была создана «Кунсткамера». На основе ее собрания, а также грандиозных приобретений курфюрста Августа II и его сына Августа III, в 1722 году возникла картинная галерея.

Гордостью музея является коллекция итальянской живописи XV-XVIII веков. Она включает в себя такие шедевры как «Святой Себастьян» Антонелло да Мессины, «Благовещение» Франческо дель Косса, «Введение Марии во храм» Чима да Канельяно, «Портрет мальчика» Бернардино Пинтурикькьо, «Динарий Кесаря» Тициана, «Спасение Арсинои» Якопо Тинторетто, «Мадонна с семейством Куччина» Паоло Веронезе. Бесспорными жемчужинами коллекции являются «Сикстинская мадонна» Рафаэля и «Спящая Венера» Джорджоне.

Собрание нидерландской и фламандской живописи нисколько не уступает итальянскому и считается одним из лучших в мире. В нем собраны картины великих мастеров — Яна Ван Эйка, Якоба Ван Рейсдала, Яна Ван Гойена, Виллема Класа Хеды,

Пинтуриккио Б. Портрет мальчика. 1481-1483

Рембрандт. Автопортрет с Саскией на коленях. 1635

Пуссен Н. Спящая Венера и Купидон. Ок. 1630

Вермеер Я. Сводня. 1656

Боттичелли С. Последнее чудо и смерть св. Зенобиуса. 1500-1505

Джорджоне. Спящая Венера. Ок. 1510

Вермеер Я.
Девушка, читающая письмо. 1657

Рафаэль.
Сикстинская мадонна. 1513-1514

Рубенс П. П.
Леда и Лебедь

Гольбейн Младший Г.
Двойной портрет нотариуса и судьи Томаса Годселва и его сына Джона. 1528

Франса Халса, Яна Брейгеля Старшего, Антониса Ван Дейка, Питера Пауля Рубенса и других выдающихся художников. Несомненную ценность представляют картины Яна Вермеера «Девушка, читающая письмо у раскрытого окна» и «У сводни» — единственная картина, датированная самим художником. Гордостью собрания являются 15 картин Рембрандта, в числе которых 2 автопортрета и несколько портретов Саскии. Достаточно полно представлена немецкая живопись. В музее можно полюбоваться полотнами Лукаса Кранаха Старшего, многие годы работавшего при дворе дрезденских курфюрстов, а также картинами Альбрехта Дюрера, Ганса Гольбейна Младшего, Антона Рафаэля Менгса.

Французская школа представлена творчеством живописцев XVII-XVIII веков — Никола Пуссена, Клода Лоррена, Жана Антуана Ватто и других менее известных художников. Из художников других европейских школ стоит выделить англичанина Джошуа Рейнолдса, испанцев Франсиско де Сурбарана, Хусепе Риберу, Бартоломе Эстебана Мурильо и Диего Веласкеса, а также швейцарца Жана-Этьена Лиотара, творчество которого представлено его знаменитой пастелью «Шоколадница».

ДУБЛИН
Национальная галерея Ирландии

Национальная галерея Ирландии хранит крупнейшее в стране художественное собрание. Музей был основан в 1854 году, а через десять лет открыт для публики. Здание галереи, построенное по проекту архитектора Френсиса Фоука, находится на площади Меррион, в центре ирландской столицы.

Сегодня собрание музея включает в себя более 14 000 художественных произведений, в числе которых около 2500 картин маслом, рисунки и гравюры, а также произведения скульптуры и некоторые предметы декоративно-прикладного искусства. В основном это пожертвования, принятые от частных лиц, а также многочисленные приобретения. В галерее представлены все ведущие европейские школы живописи. Наиболее полным можно назвать собрание итальянской живописи, которое включает в себя полотна выдающихся мастеров Ренессанса — Фра Анжелико, Андреа Мантеньи и Тициана, а также одну из прекраснейших в мире коллекций работ итальянских живописцев XVII столетия, в которой представлены произведения Микеланджело да Караваджо, Гвидо Рени, Доменикино, Гверчино, Джованни Баттиста Сассоферрато, Луки Джордано, Карло Маратти. Залы музея украшают работы прославленных фламандцев и голландцев — Питера Брейгеля Младшего, Питера Пауля Рубенса, Якоба Йорданса, Антониса Ван Дейка, Яна Вермеера, Рембрандта, Яна Стена, британцев — Уильяма Хогарта, Томаса Гейнсборо, Джошуа Рейнолдса, Генри Ромни, французов — Никола Пуссена, Жана Оноре Фрагонара, Клода Моне, Камиля Писсарро, а также картины других известных художников. В этих же залах можно полюбоваться прекрасными образцами скульптуры и прикладного искусства.

Халс Ф.
Мальчик с рыбой. Ок. 1630

Тициан.
Христос скорбящий. 1558-1560

Пуссен Н.
Оплакивание Христа. 1655-1657

Брейгель Младший П.
Крестьянская свадьба. 1620

Брейгель Младший П. Крестьянская свадьба. 1620

ИНДИАНОПОЛИС
Музей искусств

Музей искусств в Индианаполисе — один из старейших и крупнейших в США. Он был основан в 1883 году. Сегодня собрание музея размещается в четырех корпусах, расположенных в просторном парке в северной части города. Постоянно увеличиваясь за счет даров и приобретений, в настоящее время оно насчитывает более 50 000 произведений искусства, в основном европейской и американской живописи, художественные произведения азиатских и африканских стран. Также музей устраивает в своих стенах множество временных выставок.

Музей дает широкий обзор американского искусства. Живопись XIX века представлена портретами Рембрандта Пила и Гилберта Стюарта, пейзажами Фредерика Эдвина Черча, Ашера Брауна Дьюранда и Джорджа Иннесса. В залах, посвященных импрессионистам, собраны работы Мэри Кэссет, Уильяма Меррита Чейза и Чаилда

Модильяни А.
Портрет мальчика. Ок. 1918

Сёра Ж.
Канал в Гравелине. 1890

Сарджент Дж. С.
Венеция. 1903

Хэссема. Из художников XX столетия, представленных в музее большим количеством работ, стоит выделить Джорджию О'Киффи, Артура Дова, Джона Марина, Марсдена Хартли, Эдуарда Хоппера и Томаса Харта Бентона.

Европейскую живопись в основном представляют работы мастеров XVII-XX столетий. Обращает на себя внимание коллекция полотен голландских и фламандских живописцев XVII века — Мейндерта Хоббемы, Якоба Ван Рейсдала, Яна Ван Гойена, Алберта Кейпа, Виллема Калфа, Антониса Ван Дейка. Собрание XVIII века демонстрирует картины Франсуа Буше, Жана Оноре Фрагонара, Джованни Паннини, Каналетто, Джошуа Рейнолдса и других известных художников. Живопись XIX столетия иллюстрируют работы Поля Сезанна, Клода Моне, Пьера-Огюста Ренуара, Камиля Писсарро, Винсента Ван Гога, Жоржа Сера, Поля Гогена, а также крупнейшая за пределами Англии коллекция работ Уильяма Тернера. XX век представлен творчеством Пабло Пикассо, Жоржа Брака, Амедео Модильяни, Фернана Леже и других прославленных мастеров.

Брейгель Старший Я. Речной пейзаж с лодками

КАНБЕРРА
Национальная галерея Австралии

Национальная галерея Австралии, расположенная в Канберре, может быть причислена к крупнейшим музеям Зеленого Континента. Ее собрание насчитывает более 100 000 экспонатов из разных уголков земного шара. В галерее можно увидеть работы австралийских художников, искусство аборигенов Австралии, азиатское искусство, полотна европейских и американских живописцев, а также коллекции прикладного искусства, фотографии и скульптуры.

Австралийское собрание демонстрирует образцы живописи, скульптуры, гравюры, рисунка, фотографии и декоративно-прикладного искусства. Его украшают работы лучших художников страны — Тома Робертса, Фредерика Маккаббина, Артура Стритона, Сидни Нолана, Артура Бойда.

Интересно собрание искусства Азии, включающее в себя китайскую керамику, индийскую скульптуру и миниатюры, японские гравюры и другие предметы. Гордостью собрания является коллекция текстиля, одна из крупнейших в мире.

Европейское и американское искусство представлено в основном работами художников XIX-XX столетий. В залах музея можно увидеть произведения Виллема Де Куннинга, Константина Бранкузи, Генри Мура, Люсьена Фрейда, Дэвида Хокни. Жемчужиной собрания является картина Джексона Поллока «Синие столбы» (1952), приобретенная музеем в 1973 году более чем за один миллион долларов США.

Гончарова Н.
Крестьянский танец. 1910-1911

Джованни ди Паоло.
Распятие

Рубенс П. П.
Автопортрет. 1623

Робертс Т.
Австралийка. 1888

Сезанн П.
Неаполитанский полдень. 1875-1876

Моне К. Стога, освещенные солнцем. 1890-1891

КАНЗАС-СИТИ
Художественный музей Нельсона-Аткинса

Художественный музей Нельсона-Аткинса в американском городе Канзас-Сити стоит в ряду интереснейших музеев США. Он был открыт в 1933 году на основе многочисленных пожертвований. Самые крупные суммы денег были перечислены Уильямом Рокхиллом Нельсоном и Мэри Аткинс, поэтому их имена было решено увековечить в названии музея.

Сегодня собрание включает в себя более 34 000 экспонатов, представляющих искусство Африки и Азии, американскую и европейскую живопись, скульптуру, фотографию, а также небольшие коллекции рисунка, искусства древнего мира и предметы прикладного искусства. Американская живопись представлена творчеством крупнейших художников страны — Джорджа Беллоуза, Джона Калеба Бингема, Фредерика Черча, Джона Синглтона Копли, Томаса Икинса, Уинслоу Хомера, Джона Сингера Сарджента и других живописцев. Гордостью музея является крупнейшая в мире коллекция работ известного американского художника Томаса Харта Бентона, уроженца Канзас-Сити. Интерес представляет парк скульптуры, в котором можно увидеть произведения Александра Колдера, Огюста Родена, Джорджа Сигала и других мастеров. Обращает на себя внимание крупнейшая в мире коллекция скульптур Генри Мура.

Музей хранит прекрасное собрание европейской живописи. Оно включает в себя полотна выдающихся мастеров, таких как Микеланджело да Караваджо, Жан Батист Симеон Шарден, Петрус Кристус, Эль Греко, Гверчино, Тициан, Рембрандт, Питер Пауль Рубенс, Гюстав Кайботт, Эдгар Дега, Клод Моне, Винсент Ван Гог, а также работы других известных художников.

Караваджо. Св. Иоанн Креститель. 1603-1605

Кэссет М. В театре. 1880

Моне К. Бульвар Капуцинок. 1873

Сезанн П. Гора Сен-Виктуар. 1902-1906

КАРДИФФ
Национальный музей Уэльса

Национальный музей Уэльса входит в число крупнейших музеев Великобритании. Он расположен в городском парке неподалеку от Муниципалитета и Кардиффского университета. Строительство здания музея началось в 1912 году, но было прервано Первой мировой войной и закончено лишь к 1932 году. Оно еще не было достроено, когда в 1927 году в нем открылся Национальный музей Уэльса.

Музей включает в себя отделы ботаники, зоологии, археологии, геологии, но наибольший интерес представляет отдел искусства. Главным образом он известен прекрасной коллекцией живописи. Искусство Ренессанса и Барокко представлено полотнами Никола Пуссена, Яна Ван де Каппелле, Пальма Веккьо, Амико Аспертини, Питера Пауля Рубенса, а также художников мастерской Сандро Боттичелли. Гордостью собрания является коллекция французского искусства, переданная в дар музею сестрами Маргарет и Гвендолин Дэвис. Она включает в себя наиболее полное в мире собрание работ Оноре Домье, и крупнейшую в Англии коллекцию полотен Жана-Франсуа Милле. Также в музее представлены пейзажи Венеции и виды Руанского собора кисти Клода Моне, полотна Поля Сезанна, Пьера-Огюста Ренуара, Камиля Писсарро, Альфреда Сислея, Эжена Будена, Жоржа Брака, Андре Дерена и других французских художников. Интересна коллекция искусства XX века, включающая работы известнейших мастеров — скульптуры Джейкоба Эпстайна и Эрика Гилла, картины Стенли Спенсера, Оскара Кокошки, Люсьена Фрейда, Фрэнка Ауэрбаха, Фрэнсиса Бэкона, Рэйчел Уайтрид.

Кейп В. Г. Пейзаж со всадником и крестьянами. 1650-е

Ван Гог В. Пейзаж с дождем. 1890

Музей располагает внушительной коллекцией прикладного искусства. Наиболее интересно прекрасное собрание фарфора Уилфреда Де Вентона, насчитывающее более 2000 предметов. Оно демонстрирует полный диапазон европейского производства фарфора.

Сезанн П. Горы в окрестностях Эстака. 1879

КАРЛСРУЭ
Кунстхалле

Кунстхалле в Карлсруэ принадлежит к числу крупнейших и старейших художественных галерей Германии. Основу собрания музея составили коллекции маркграфов Бадена. Кунстхалле был открыт в 1846 году в новом здании, построенном по проекту архитектора Генриха Хюбша. Сегодня это прекрасное здание является одной из главных достопримечательностей города.

Музей хранит интересную коллекцию живописи XIV-XX веков, состоящую более чем из 800 произведений. В залах, посвященных творчеству старых мастеров, можно увидеть работы художников Северного Возрождения — Ганса Бальдунга Грина, Ганса Леонарда Шейфелейна, а также фламандского мастера эпохи барокко Якоба Йорданса. Широко представлена живопись немецких романтиков, таких как Юлиус Шнорр фон Карольсфельд, Фридрих Овербек, Мориц фон Швинд. Гордость галереи — крупнейшее в мире собрание работ немецкого живописца Ганса Тома, долгое время занимавшего должность директора Кунстхалле. Также музей располагает прекрасной коллекцией живописи XX столетия, в которую входят полотна кисти Франца Марка, Августа Макке, Эриха Хекеля, Эрнста Людвига Кирхнера, Отто Мюллера, Эмиля Нольде, Оскара Кокошки, Пауля Клее.

Музей гордится своим собранием медной гравюры, одним из самых старых в Европе и насчитывающим около 80 000 листов.

Дюрер А.
Христос скорбящий. 1493

Гоген П.
Дома в Ле Пульдю. 1890

Кранах Старший Л.
Суд Париса. 1530

Марк Ф. Олени в лесу. 1914

КЕЛЬН
Музей Вальрафа-Рихартса

Музей Вальрафа-Рихартса обладает прекрасным собранием искусства. В его названии увековечены имена дарителей, передавших городу свои коллекции. Здание, в котором собрание музея рамещалось с 1861 году, было разрушено во время Второй мировой войны. Сегодня оно занимает здание, построенное в 1957 году по проекту архитекторов Рудольфа Шварца и Йозефа Бернарда.

Ядро экспозиции составляет коллекция живописи, в которой представлены практически все крупные европейские школы и стили, начиная с эпохи позднего средневековья и заканчивая рубежом XIX и XX столетий. Собрание работ кельнских средневековых мастеров насчитывает 290 полотен. Его жемчужины — произведения Стефана Лохнера, среди которых «Святые Марк, Варвара и Лука», «Мадонна в розовой беседке», триптих «Мадонна с младенцем» и полиптих «Страшный суд».

Моне К.
Водяные лилии. 1914-1917

Сислей А.
Мост в Хемптон Корте. 1874

Коринт Л.
Большой натюрморт с фигурой. 1911

Мане Э.
Связка спаржи. 1880

Стен Я.
Амнон и Тамар. 1668-1670

В залах живописи эпохи Возрождения и Барокко можно встретить значительные работы таких мастеров, как Альбрехт Дюрер, Иероним Босх, Франс Халс, Рембрандт, Питер Пауль Рубенс. В 2001 году собрание музея было пополнено 170 работами импрессионистов, в числе которых произведения Пьера-Огюста Ренуара, Клода Моне, Винсента Ван Гога. Широко представлено творчество немецких живописцев XIX — начала XX веков: Вильгельма Лейбля, Макса Эрнста, Пауля Клее, Эрнста Людвига Кирхнера и других.

Музей экспонирует также крупное собрание гравюр, включающее в себя около 75 000 произведений, и небольшую коллекцию скульптуры.

Бургкмайер Г.
Портрет Барбары Шелленбергер. Ок. 1505-1507

Лохнер С.
Мадонна в Розовой беседке. 1450

КЕЛЬН
Музей Людвига

Музей Людвига хранит одно из крупнейших в мире собраний искусства XX века. Он был создан в 1976 году, на основе коллекции из 350 работ, подаренной городу Питером Людвигом. Имя этого известного покровителя искусства было увековечено в названии музея. Сегодня музей размещается недалеко от Кельнского собора в здании, построенном в 1986 году по проекту архитекторов Петера Бусмана и Готфрида Хаберера.

В собрании музея отражены почти все крупные художественные течения XX столетия. Творчество экспрессионистов представлено полотнами Эриха Хекеля, Карла Шмидта-Роттлуффа, Августа Макке, Эрнста Людвига Кирхнера, Отто Мюллера. Картины Наталии Гончаровой, Михаила Ларионова, Казимира Малевича, Александра Родченко представляют русский авангард 1905-1935 годов. Значительная коллекция художников поп-арта может сравниться с собранием музея Гуггенхейма и других крупных музее: в ней можно увидеть работы Тома Весселманна, Энди Уорхолла, Роберта Раушенберга, Роя Лихтенстайна, Джаспера Джонса.

Гордость музея — великолепная по своей полноте и разнообразию коллекция произведений Пабло

Гончарова Н.
Портрет М. Ларионова. 1913

Модильяни А.
Алжирка. 1917

Пикассо, среди которых такие шедевры как «Женщина с артишоком» и «Арлекин». Она была подарена Иреной Людвиг, вдовой Питера Людвига, и насчитывает 774 работы.

Представляет нтерес крупное собрание фотографии, отражающее полтора века истории этого вида искусства. Также музей демонстрирует коллекцию графики, включающую в себя более 8000 гравюр, рисунков, акварелей и коллажей.

Марк Ф.
Молодая лиственница. 1908

Маке А. Читающий в парке. 1914

КЕМБРИДЖ
Музей Фитцуильяма

Музей Фитцуильяма, входящий в структуру Кембриджского университета, является одним из старейших и крупнейших музеев Англии. Он был основан в 1816 году на базе коллекции VII виконта Фитцуильяма и открыт для публики в 1848 году. Проектиование и строительство здания музея длилась почти 40 лет. В ней участвовали три архитектора: Джордж Бэзеви, Ч. Р. Коккерел, и, наконец, Эдвард Миддлтон Барри, завершивший работу в 1875 году.

Сегодня музей состоит из пяти отделов, экспонирующих древности, прикладные искусства, монеты и медали, рукописи и печатные издания, а также произведения живописи, рисунки и гравюры. Последний отдел представляет творчество художников стран Европы, Азии и Америки от эпохи Проторенессанса до наших дней. Наиболее полно представлены живопись итальянского Возрождения, особенно венецианской школы, пейзажи всех ведущих европейских школ, портреты и миниатюры кисти британских живописцев, а также работы французских импрессионистов. Стоит отметить большую коллекцию рисунков, интересное собрание британской акварели, прекрасную коллекцию японской гравюры на дереве. В залах музея можно увидеть работы таких выдающихся мастеров, как Симоне Мартини, Доменико Венециано, Тициан, Паоло Веронезе, Питер Пауль Рубенс, Антонис Ван Дейк, Франс Халс, Каналетто, Уильям Хо-

Блейк У.
Смерть на Бледной Лошади. 1800

Ван Дейк А.
Портрет Рейчел де Равиньи в образе Фортуны. 1638

Дега Э.
В кафе. 1877

Писсарро К.
Девушка, моющая посуду. 1882

Констебл Дж.
Мельница в Гиллинхеме. 1824

Россетти Д. Г.
Девочка у окна. 1862

Мане Э.
Улица. 1878

Сезанн П.
Яблоки. 1877-1878

Миллес Дж. Э.
Подружка невесты. 1851

Тициан.
Тарквиний и Лукреция. 1570

Гейнсборо Т.
Портрет Хинига Ллойда с сестрой. 1750-е

Гоген П.
В поле. 1873

гарт, Томас Гейнсборо, Джон Констебл, Клод Моне, Эдгар Дега, Пьер-Огюст Ренуар, Поль Сезанн и Пабло Пикассо.
Интерес представляет коллекция прикладного искусства, включающая в себя керамику, изделия из стекла, часы, предметы мебели, боевые доспехи и множество других экспонатов.

Скьявоне Я.
Триумф Цезаря (майолика)

Блейк У.
Суд Соломона

КЛИВЛЕНД
Музей искусств

Кливлендский музей искусств обладает одной из прекраснейших художественных коллекций в США. Основанный в 1913 году, музей постоянно пополнял свое собрание за счет пожертвований и многочисленных покупок, в связи с чем, здание, построенное в 1916 году, много раз реконструировалось и дополнялось пристройками. В январе 2006 года под руководством архитектора Рафаэля Виньоли начались очередные работы по расширению музея, окончание которых намечено на 2010 год.

Сегодня собрание музея размещено в 70 залах и насчитывает более 40 000 экспонатов. Гордостью музея являются коллекции искусства стран Азии, доколумбовой Америки и европейского Средневековья. Также посетители могут увидеть предметы, представляющие культуру и искусство древних цивилизаций Ближнего Востока, Египта, Греции и Рима. Интересны небольшие, но, несомненно, заслуживающие внимания коллекции европейской живописи XV-XVIII веков, американской живописи XIX столетия, а также произведения современного искусства.

Сезанн П.
Голубятня в Белливу. 1889-1890

Редон О.
Орфей. 1903-1910

Икинс Т.
Братья Биглен на гоночной лодке. 1873

Тернер Дж.
Пожар Палаты Лордов и Общин 16 октября 1834 года. 1835

Женщина с младенцем (конголезская деревянная скульптура кон. XIX в.)

Гоген П. Большое дерево. 1891

КОЛЬМАР
Музей Унтерлинден

Музей Унтерлинден входит в число самых посещаемых художественных музеев Франции. Он занимает здание доминиканского монастыря — выдающегося памятника эпохи Средневековья, построенного в 1232 году и являющеося архитектурной доминантой города.

Основу экспозиции музея составляют археологические находки: орудия и украшения первобытных людей, домашняя утварь, а также многочисленные предметы прикладного искусства — мебель, костюмы, изделия из золота и серебра, керамика, фаянс, фарфор и другие изделия.

Особенную ценность представляет коллекция живописи, которая, несмотря на небольшой размер, отличается высочайшим качеством. В ней собраны лучшие образцы средневековой живописи кольмарской школы, а также скульптура романского и готического периодов. Широко представлены полотна выдающихся мастеров немецкого Возрождения — Лукаса Кранаха Старшего, Ганса Гольбейна Младшего, Мартина Шонгауэра. Жемчужина музейного собрания — монументальный «Изенгеймский алтарь» — самая известная работа Матиаса Грюневальда, выполненная в 1512-1514 годах.

Грюневальд М.
Изенгеймский алтарь. Ок. 1515

Обращает на себя внимание отдел немецкой и французской живописи XIX столетия. В музее размещена крупная коллекция современного искусства, включающая в себя полотна импрессионистов — Пьера Боннара, Клода Моне, Пьера-Огюста Ренуара, а также представителей других художественных течений — Жоржа Руо, Робера Делоне, Фернана Леже, Пабло Пикассо, Роже Бессьера, Вили Баумайстера, Макса Эрнста, Макса Фридлендера, Сергея Полякова.

Моне К.
Долина Креза. Закат. 1889

Боннар П.
Нормандский пейзаж. 1920

Гольбейн Старший Г.
Женский портрет. 1524

Пикассо П.
Портрет мужчины в шляпе. 1971

КОПЕНГАГЕН
Государственный художественный музей

Государственный художественный музей в Копенгагене является обладателем крупнейшего художественного собрания в Дании. В его основу легли художественные коллекции датских королей. Здание музея было построено между 1889 и 1896 годами под руководством архитекторов Далерупа и Меллера.

Собрание музея содержит почти 9000 картин и скульптур, а также 300 000 графических работ за период с XIV века до наших дней. Галереи живописи дают возможность увидеть полотна мастеров итальянского Ренессанса, в том числе Андреа Мантеньи, Тициана и Якопо Тинторетто. Залы музея украшают работы великих художников нидерландской, голландской и фламандской школ: Питера Брейгеля Старшего, Рембрандта, Франса Халса, Якоба Йорданса, Питера Пауля Рубенса. Современное искусство представлено картинами Амедео Модильяни, Пабло Пикассо, Жоржа Брака, Эмиля Нольде, Фернана Леже и других прославленных художников. Большое внимание уделено датской живописи, в основном полотнам художников XIX столетия — Кристофера Вильгельма Экерсберга, Кристена Кобке и их менее известных современников.

Начало крупному собранию гравюр и рисунков было положено еще в XVI веке, когда датский король Кристиан II получил в дар от Альбрехта Дюрера коллекцию его лучших графических работ. Сегодня собрание в основном представляет датскую гравюру XVII-XX веков, однако его украшают и некоторые произведения крупнейших мастеров других европейских школ.

Блумарт А.
Смерть детей Ниобы. 1591

Дерен А.
Женщина в голубом. Ок. 1910

Род Й.
Храм Посейдона в Пестуме. 1838

Экерсберг К. В.
Беседка. 1813-1816

Кобке К.
Неаполитанский берег с видом на Везувий. 1839-1840

КРАКОВ
Национальный музей

Краковский Национальный музей хранит вторую по величине художественную коллекцию Польши. Он был основан в 1879 году и состоит на сегодняшний день из 11 отделов, расположенных в исторических зданиях в центре города. В них выставлены произведения живописи, скульптуры, гравюры, прикладного искусства, а также собрания монет и иллюстрированных рукописей.

Экспозиция главного здания, расположенного на улице 3 Мая, посвящена современному польскому искусству, в основном художникам и скульпторам Кракова. Также здесь размещены коллекции оружия и художественных ремесел.

Здание торговых рядов Сукеннице представляет обзор польского искусства XIX столетия.

В музее Чарторыжских выставлено 400 полотен мастеров крупных европейских художественных школ. Жемчужинами собрания являются шедевр Леонардо да Винчи «Портрет Чечилии Галерани», известный также как «Дама с горностаем», и картина Рембрандта «Пейзаж с милосердным самаритянином».

В состав Национального музея также входят дома-музеи известнейших художников Кракова — Яна Матейки, Йожефа Мехоффера, Станислава Выспяньского и Кароля Шимановского.

Леонардо да Винчи. Портрет Чечилии Галерани (Дама с горностаем). 1483-1490

Мехоффер Й. Портрет жены. 1904

Выспяньский С. Материнство. 1905

Матейко Я. На Варшавском сейме. 1892

Семирадский Г. Факелы Нерона. 1876

Матейко Я. Прусская дань. 1882

ЛИВЕРПУЛЬ
Галерея Уокера

Галерея Уокера обладает одним из прекраснейших художественных собраний в Великобритании. Основанная в 1877 году, она была названа в честь главного в ее истории мецената — Эндрю Бэркли Уокера. Музей расположен в здании на улице Уильяма Брауна, построеннм в неоклассическом стиле.

Галерея хранит крупное собрание живописи XIV-XX веков. Экспозицию открывают работы мастеров итальянского и северного Возрождения. Живопись XVII века представлена полотнами величайших мастеров — Бартоломе Эстебана Мурильо, Никола Пуссена, Рембрандта, Питера Пауля Рубенса. К основным моментам собрания относится творчество британских живописцев Викторианской эпохи, в том числе Братства прерафаэлитов, а также английских художников XX столетия: Люсьена Фрейда, Дэвида Хокни, Гилберта Проша и Джорджа Пассмора.

Достойна внимания крупная коллекция рисунка и акварели. В ней преобладают работы английских художников — Пола Сэндби, Уильяма Тернера, Джона Села Котмена, Питера де Винта, Джорджа Ромни, Уильяма Холмана Ханта, Эдварда Берн-Джонса, Сэмюэла Праута, Ричарда Бонингтона, Эдварда Лира, Пола Нэша. Интересно также собрание скульптуры, пожалуй, лучшее в Англии за пределами Лондона.

Мартини С.
Введение Иисуса в храм. 1342

Гольбейн Младший Г.
Портрет Генриха VIII. Ок. 1536

Пуссен Н.
Пейзаж с Пеплом Фокиона. 1647

Марк Ф.
Синие кони. 1911

Лейтон Дж. Ф.
Персей и Андромеда. 1891

Миллес Дж. Э. Лоренцо и Изабелла. 1849

ЛИДС
Художественная галерея

Художественная галерея Лидса принадлежит к числу интереснейших музеев Великобритании. Она была основана в 1888 году по инициативе Уолтера Хардинга на основе его коллекции.

В музее в основном собраны произведения искусства XIX-XX веков. Галерея демонстрирует картины крупных художников Викторианской эпохи, а также небольшую коллекцию французских постимпрессионистов. Крупное собрание гравюры, рисунка и акварели украшают работы известных английских мастеров — Томаса Гейнсборо, Джона Села Котмена, Уильяма Тернера, Джона Роберта Козенса, Джона Варли, Уильяма Блейка, Сэмюэла Палмера, Эдварда Лира, Паулы Рего, а также произведения великого Рембрандта.

Коллекция живописи также богата работами английских мастеров. XIX век представлен полотнами Фредерика Лейтона, Джеймса Тиссо, Джона Уильяма Уотерхауса, Джона Аткинсона Гримшоу, Уильяма Холмана Ханта. Гордость музея — лучшее собрание британского искусства XX века за пределами Лондона. Здесь можно увидеть произведения почти всех крупных английских художников этого времени — Уиндема Льюиса, Гаролда Гилмана, Спенсера Гора, Чарлза Джиннера, Грэма Сазерленда, Стэнли Спенсера, Пола Нэша, Терри Фроста, Стивена Кемпбела.

Стоит отметить также собрание скульптуры, включающее в себя работы таких мастеров как Огюст Роден, Генри Мур, Барбара Хепуорт и Александер Колдер.

Уотерхаус Дж. У.
Леди Шалотт. 1894

Тиссо Дж.
Подружка невесты. 1883-1885

Синьяк П.
Железная дорога в Буа-Коломб. 1886

Гримшоу Дж. А.
Лидс. Парк Роу. 1882

Гримшоу Дж. А. Лидс. Боурс-лейн. 1881

ЛИЛЛЬ
Музей изящных искусств

Лилльский Музей изящных искусств обладает второй по величине художественной коллекцией во Франции, уступающей только богатейшему собранию Лувра. Музей открылся в 1889 году в новом здании, пережившем в 1991-1997 годах крупномасштабную реконструкцию.

В десяти залах первого этажа музея размещена прекрасная коллекция живописи, насчитывающая более 650 полотен. Работы художников фламандской, нидерландской, итальянской, испанской и французской школ знакомят посетителей с живописной традицией XV-XIX веков. Фламандская живопись представлена картинами великих мастеров — Питера Пауля Рубенса, Якоба Йорданса, Антониса Ван Дейка. Среди голландских художников выделяются Эммануэл де Витте, Питер Кодде, Якоб Ван Рейсдал, Питер Ластман. В залах итальянской живописи преобладают картины мастеров Венецианской школы. Широко представлена французская живопись XIX века, в том числе полотна Жака Луи Давида, Эжена Делакруа, Теодора Жерико, Камиля Коро,

Бернар Э.
Нимфы после купания. 1908

Боутс Д.
Путь в Рай. 1470-е

Пьера Пюви де Шаванна. Жемчужиной французской коллекции является картина Гюстава Курбе «После обеда в Орнане» — своеобразный манифест реалистического искусства. В музее можно увидеть шедевр испанца Франсиско де Гойи «Молодые махи».

Значительная коллекция графики включает в себя 4000 листов, в том числе 30 рисунков Рафаэля. Интересен отдел скульптуры, основу которого составляют работы французских мастеров XIX столетия, в том числе творения Огюста Родена.

Йорданс Я.
Похищение Европы

Моне К. Здание Парламента. Штормовое небо. 1900-1901

ЛИОН
Музей изящных искусств

Музей изящных искусств в Лионе хранит одну из крупнейших художественных коллекций Франции. Он был основан в 1803 году и располагается в здании бывшего аббатства в центре города.

В шестнадцати залах собраны произведения искусства античности, Древнего Египта и цивилизаций Ближнего Востока. Экспозицию продолжают предметы прикладного искусства эпохи Средневековья и Возрождения: лиможские эмали, изделия из слоновой кости, золота, серебра, испано-мавританский и французский фаянс. Также в залах музея можно увидеть замечательную японскую керамику, предназначенную для чайных церемоний.

Гордость музея — картинная галерея, размещающая около 700 полотен европейских мастеров. Богатая коллекция итальянской живописи XIV-XVII веков демонстрирует работы Пьетро Перуджино, Якопо Бассано, Паоло Веронезе, Якопо Тинторетто, Гвидо Рени, Пьетро да Кортона, Гверчино. В музее представлено творчество мастеров голландской и фламандской живописи — Питера Брейгеля Младшего, Якоба Йорданса, Питера Пауля Рубенса, Рембрандта. Самой крупной является коллекция французской живописи, включающая в себя работы таких прославленных живописцев, как Симон Вуэ, Филипп де Шампень, Шарль Лебрен, Жан Жувне, Теодор Жерико, Эжен Делакруа, Теодор Шассерио, Камиль Коро, Оноре Домье, Гюстав Курбе, Эдуард Мане, Клод Моне, Эдгар Дега, Поль Гоген, Пьер Пюви де Шаванн, Пьер Боннар, Жорж Брак.

В прекрасном саду, окружающем здание музея, выставлены скульптуры Огюста Родена и Эмиля Антуана Бурделя.

Ренуар О.
Женщина, играющая на гитаре. 1896

Тинторетто Я.
Даная

Моне К.
Весна. 1880

Коро К.
В мастерской художника. 1870

Гоген П. Восхитительный день. 1896

ЛИССАБОН
Музей Калуста Гюльбенкяна

Музей Калуста Гюльбенкяна — одно из крупнейших частных собраний в мире. Он был основан в 1968 году для того, чтобы объединить разбросанные по всему миру художественные коллекции нефтяного магната и ценителя искусства, чье имя носит музей. Собрание разместилось в современном здании, построенном по проекту архитекторов Р. Атугиа, П. Сида и А. Пессоа в центре португальской столицы.

Музей демонстрирует крупную коллекцию искусства Древних цивилизаций: античного мира, Египта, Месопотамии, Урарту, Ближнего и Дальнего Востока. Отдельного упоминания заслуживает прекрасное собрание древних монет и медалей, а коллекция греческих монет не знает себе равных в мире.

Европейский отдел представляет живопись, скульптуру и прикладное искусство XI-XX веков. Здесь можно увидеть картины Чима да Конельяно, Джованни Баттиста Морони, Доменико Гирландайо, Франческо Гварди, Рогира Ван дер Вейдена, Антониса Ван Дейка, Жана Оноре Фрагонара, Жана Франсуа Милле, Уильяма Тернера,

Боутс Д.
Благовещение. 1465-1470

Гудон Ж.-А.
Диана. 1780

Гирландайо Д.
Портрет молодой женщины

Рембрандт.
Портрет старика. 1645

Клода Моне, Пьера-Огюста Ренуара, Паулы Рего, Эдварда Берн-Джонса. Многие прекрасные произведения искусства были куплены у Государственного Эрмитажа в годы советской власти. В их число входят картины Юбера Робера, Дирка Боутса, Антуана Ватто, Герерда Терборха, а также «Портрет Елены Фоурмен» — шедевр кисти Питера Пауля Рубенса, и бесценные полотна Рембрандта «Афина Паллада, или Александр Великий» и «Портрет старика».

В музее собрана также замечательная коллекция прикладного искусства, включающая в себя изделия из серебра, золота и слоновой кости, ювелирные изделия и стекло известного мастера Рене Лалика, китайский фарфор и персидские гобелены.

Берн-Джонс Э. Зеркало Венеры. 1870-1876

ЛИССАБОН
Национальный музей древнего искусства

Национальный музей древнего искусства обладает крупнейшую художественную коллекцию в Португалии. Он был основан в 1884 году и занимает два помещения — дворец графов Альвор (выдающийся памятник архитектуры барокко) и здание женского монастыря. Оба здания расположены на улице Руа даж Жанелаш Вердеш, неподалеку от крупнейшей в городе реки Тежу.

В музее выставлены собрания живописи, скульптуры, рисунка, гравюры и декоративно-прикладного искусства от эпохи средневековья до начала XIX столетия. Особенно полно представлена португальская живопись XV-XVI веков. Жемчужина коллекции — полиптих «Святой Винсент», выполненный в середине XV столетия Нуньо Гонсалвишем, придворным живописцем короля Альфонсо V. Среди других художников португальской школы выделяются имена Грегорью Лопеша и Домингуша Антониу де Секейры. В залах европейской живописи демонстрируются полотна известных мастеров северного Возрождения — Иеронимуса Босха, Альбрехта Дюрера, Лукаса Кранаха Старшего, Ганса Гольбейна Старшего, Квентина Массейса, Ганса Мемлинга, Гуго Ван дер Гуса. Также в музее можно увидеть произведения Франсиско де Сурбарана, Диего Веласкеса, Пьеро дела Франчески, Якопо Тинторетто, Томаса Лоренса, Джошуа Рейнолдса и других прославленных мастеров.

Музей демонстрирует значительное собрание произведений декоративно-прикладного искусства, включающее в себя более 4000 изделий французских и португальских ювелиров, а также множество прекрасных гобеленов, предметов мебели, керамических изделий и богатую коллекцию европейского фарфора.

Веласкес Д.
Портрет инфанта дона Фернандо на охоте. 1632-1633

Дюрер А.
Святой Иероним. 1521

Мане Э.
Мыльные пузыри. 1867

Босх И. Искушение св. Антония. 1505-1506

ЛОНДОН
Британский музей

Британский музей, без сомнения, относится к числу старейших и крупнейших музеев мира. Он был создан парламентским указом, принятым 11 декабря 1753 года. Попасть в музей в первые годы его существования было непросто; для широкой публики он был открыт лишь в XIX веке. Основу собрания составила приобретенная правительством коллекция лондонского врача и натуралиста Хэнса Слоуна, насчитывавшая в то время без малого 80 000 предметов. Музей первоначально размещался в Монтегю-Хаусе в лондонском районе Блумсбери, а затем переехал в нынешнее здани, построенное по проекту архитектора Роберта Смёрка в 1823-1847 годах — настоящий шедевр архитектуры классицизма.

Сегодня Британский музей хранит выдающееся собрание, в котором можно найти памятники всех известных мировых культур. Здесь можно увидеть прекрасную коллекцию искусства Древнего Мира, включающую в себя уникальные экспонаты — мраморы Парфенона, рельефы дворцов ассирийских царей в Ниневии, скульптуры Галикарнасского мавзолея и храма Аполлона в Бассах, золотую подвеску из «Эгинской сокровищницы», скульптуры работы Фидия, в числе которых знаменитый бюст Перикла. Жемчужина коллекции — Розеттский камень с письменами, которые помогли французскому ученому Жану Франсуа Шампольону расшифровать египетские иероглифы.

Микеланджело.
Портрет Андреа Каратези. 1528-1532

Розеттский камень

Серебряный сосуд (римская Британия). III-IV вв.

Дюрер А.
Дом около пруда. 1496

Тернер У. Рим.
Вид на собор св Петра со стороны виллы Барберини. 1819

Блюдо с портретом (голландская майолика). 1583

Дюрер А. Лесное озеро. 1496

Погребальный бюст женщины. Пальмира. II в.

Св. Иоанн Креститель. Византийская икона. XIII в.

Краснофигурная ваза (гидрия). 420-400 гг. до н. э.

Музей обладает богатой коллекцией европейского средневекового искусства, включающей в себя раннехристианскую скульптуру, прекрасное собрание серебряных изделий, известное как «Эсквилинский клад», англосаксонские каменные кресты и другие экспонаты. Несомненный интерес представляют так называемые «Фаюмские портреты», а также уникальные рукописи и свитки, украшенные тончайшей росписью.

Британский музей не располагает значительным живописным собранием, однако является хранителем выдающейся коллекции графики, насчитывающей более 2 миллионов единиц. В музее экспонируется прекрасная коллекция гравюр и рисунков, в которой собраны работы великих мастеров — Леонардо да Винчи, Рафаэля, Микеланджело Буонарроти, Альбрехта Дюрера, Рембрандта, Ганса Гольбейна Младшего, Клода Лоррена.

ЛОНДОН
Галерея Тейт

Лондонская Галерея Тейт хранит прекраснейшую коллекцию английского искусства. Здание музея было построено в 1897 году по проекту архитектора Сидни Смита, на деньги крупного сахарного магната и коллекционера сэра Генри Тейта. Его прекрасная коллекция легла в основу собрания галереи, открытой для публики в том же году.

Музей экспонирует британское искусство за период с XVI по XX век. Широко представлено творчество Уильяма Хогарта, в основном портреты: «Автопортрет с мопсом», «Томас Пеллетт», «Лавиния Фентон, герцогиня Болтон», «Элизабет Солтер». В залах музея можно найти значительные работы крупнейших художников эпохи романтизма: «Лестница Иакова», «Притча о мудрых и неразумных девах», «Скорбь», «Оберон и Титания с танцующими феями» Уильяма Блейка, «Флэтфордская мельница», «Портрет семьи Бриджес», «Малверн-Холл», «Портрет Марии Бикнелл» Джона Констебла, «Трагедия на море», «Автопортрет в возрасте 16 лет», «Морозное утро. Иней», «Падение Карфагена» Уильяма Тернера. В галерее представлены полотна и других прославленных британских живописцев — Джошуа Рейнолдса, Джорджа Стаббса, Данте Габриэля Россетти, Эдварда Берн-Джонса, Джона-Эверетта Миллеса.

Существует 2 филиала галереи — Тейт Ливерпуль на севере и Тейт Сент-Ив на юго-западе страны. В 2000 году была создана галерея

Хант У. Х.
Пробудившийся стыд. 1853

Берн-Джонс Э.
Сидония фон Борк. 1860

Блейк У.
Жалость. 1795-1805

Тернер У.
Замок Норхэм. Восход солнца. 1845

Тернер У.
Церковь Сан-Джорджо Маджоре на закате. 1819

Фюсли Г.
Леди Макбет

Миллес Дж. Э. Христос в доме своих родителей. 1849-1850

Альма-Тадема Л.
Тихое приветствие. 1889

Блейк У.
Сотворение Адама. 1795

Тернер У.
Автопортрет

Тейт Модерн, экспонирующая современное западноевропейское искусство. В год своего открытия этот музей стал самым посещаемым в мире. В его экспозиции представлены работы Сальвадора Дали, Макса Эрнста, Рене Магритта, Хуана Миро, Марка Ротко, Роя Лихтенстайна, Пабло Пикассо, Энди Уорхолла и других прославленных мастеров живописи XX века.

Россетти Д. Г.
Как сэру Галахаду, сэру Борсу и сэру Персивалю явился Святой Грааль, но сестра сэра Персиваля умерла по дороге. 1864

Тернер У.
Вид Рима из Ватикана. 1820

ЛОНДОН
Картинная галерея Далвич

Картинная галерея Далвич может быть причислена к интереснейшим художественным музеям Лондона. Она была основана в 1817 году на деньги Фрэнсиса Буржуа и его делового партнера Ноэля Дезанфана, чьи прекрасные коллекции составили ядро собрания. Музей размещается в здании, построенном в 1811 году по проекту архитектора сэра Джона Соана.

Галерея хранит небольшую, но превосходную коллекцию работ старых мастеров. Она дает обзор всех крупных художественных школ Западной Европы: итальянской, испанской, французской, английской, фламандской, голландской и немецкой. Наиболее полно представлена живопись мастеров XVII-XVIII столетий: Никола Пуссена, Питера Пауля Рубенса, Бартоломе Эстебана Мурильо, Антониса Ван Дейка, Рембрандта, Антуана Ватто, Томаса Гейнсборо и других художников. Также музей обладает богатой коллекцией портретов британских живописцев.

Гейнсборо Т.
Портрет сестер Линли. 1722

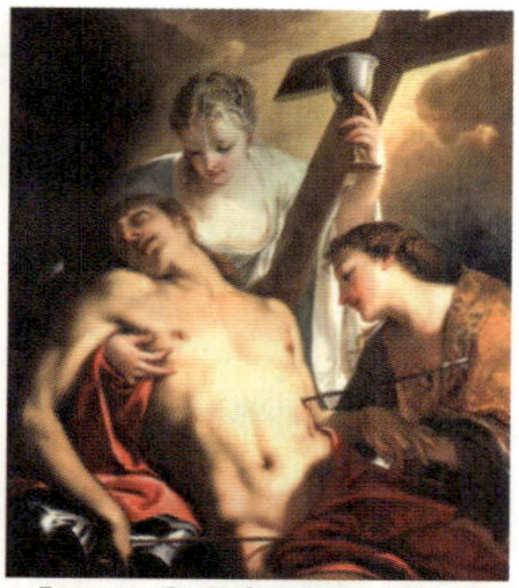

Белуччи. Св. Себастьян и св. Ирина

Мурильо Б. Э.
Продавщица цветов. 1668-1670

Мурильо Б. Э.
Два мальчика

Доу Г.
Дама, играющая на клавикордах. Ок. 1665

Каналетто. Старый мост в Уолтоне. 1754

ЛОНДОН
Институт искусств Курто

Институт искусств Курто представляет одно из прекраснейших художественных собраний Великобритании. Он был основан в 1931 году английским промышленником и коллекционером Сэмюэлом Курто и стал первым в стране центром по изучению истории искусства. Ядро художественного собрания института, открытого для публики в 1958 году, составили коллекции самого Курто, Ли Фарема и Роберта Уитта. Институт и его коллекции располагаются сегодня в здании Сомерсет-Хаус на улице Стрэнд.

Институт славится великолепным собранием живописи. Здесь можно увидеть работы прославленных старых мастеров: Сандро Боттичелли, Паоло Веронезе, Джованни Батиста Тьеполо, Лукаса Кранаха Старшего, Франсиско де Гойи, Томаса Гейнсборо. Жемчужина собрания — прекрасная коллекция работ Питера Пауля Рубенса, среди которых «Семья Яна Брейгеля», «Снятие с креста» и другие полотна. Собрание Института Курто дает исчерпывающий обзор творчества импрессионистов. Залы музея украшены шедеврами крупнейших мастеров этого направления, такими как «На берегу Сены» и «Бар в Фоли-Бержер» Эдуарда Мане, «Осень в Аржантее» и «Антибы» Клода Моне, «Ложа» и «Портрет Амбруаза Воллара» Пьера-Огюста Ренуара, «Набережная в Руане» Камиля Писсарро, «Лодки на Сене» Альфреда Сислея, «Гора Сен-Виктуар с большой сосной» и «Озеро в Аннеси» Поля Сезанна, «Две танцовщицы на сцене» Эдгара Дега, «Автопортрет с перевязанным ухом» Винсента Ван Гога.

Значительную ценность представляют богатые коллекции рисунка и гравюры, среди которых работы Микеланджело Буонарроти, Рембрандта, Уильяма Тернера и других выдающихся мастеров, а также интересная коллекция декоративно-прикладного искусства.

Ван Гог В.
Автопортрет с перевязанным ухом. 1889

Ренуар О.
Ложа. 1874

Мане Э.
Бар Фоли-Бержер. 1881-1882

Сера Ж.
Припудривающаяся женщина. 1890

Сезанн П. Гора Сен-Виктуар. 1885-1887

ЛОНДОН
Королевское собрание

Королевское собрание можно причислить к крупнейшим художественным коллекциям Европы. Оно формировалось на протяжении пяти веков: экспонаты собрания находятся в королевских резиденциях, в основном в Букингемском дворце, Виндзорском замке и дворце Хемптон-Корт.

Собрание включает в себя коллекции картин, скульптур, гравюр, рисунков, акварелей, мебели, керамики, часов, серебра, драгоценностей, географических карт, оружия, доспехов, текстиля, книг и рукописей. Прекрасное собрание живописи насчитывает около 10 000 произведений и по качеству не уступает лучшим коллекциям европейских музеев. Его нельзя назвать всеохватным, однако отдельные школы и периоды представлены с исчерпывающей полнотой. Среди работ итальянских художников выделяются полотна Рафаэля, Джованни Беллини, Лоренцо Лотто, Тициана, Корреджо, Пармиджанино. Гордостью собрания является серия картин Андреа Мантеньи «Триумф цезаря». Заслуживает внимания коллекция из 50 работ Каналетто — выдающегося

Ван Дейк А.
Портрет Карла I

Портрет королевы Елизаветы Йорк с белой розой

Ван Клеве Й.
Портрет Генриха VIII

Скротс У.
Принцесса Елизавета в возрасте 13 лет. 1546

Гольбейн Младший Г.
Не прикасайся ко мне. 1524

Хорнболт Л.
Миниатюрный портрет Генриха VIII. Ок. 1525-1527

Каналетто.
Праздник обручения венецианского дожа с Адриатическим морем. Ок. 1732

Лото Л.
Портрет Андреа Одони. 1527

Каналетто.
Пьяцетта. Вид со стороны Церкви Санта Мария делла Салюте. 1725-1730

Каналетто.
Пьяцетта. Вид со стороны Башни часов. 1726-1728

мастера венецианской ведуты. Собрание богато прекрасными образцами фламандской и голландской живописи XVII века, к которым без сомнения относятся картины Питера Пауля Рубенса, Антониса Ван Дейка, Давида Тенирса Младшего, жанровые композиции Яна Вермеера, Питера де Хоха, Герарда Терборха Младшего, Адриана Ван Остаде, Габриэля Метсю, пейзажи Якоба Ван Рейсдала и Мейндерта Хоббемы.

Королевское собрание включает в себя великолепную коллекцию портретной живописи, от Ганса Гольбейна Младшего до Люсьена Фрейда. В основном это работы британских художников — Уильяма Хогарта, Джошуа Рейнолдса, Алана Рэмзи, Томаса Гейнсборо, Питера Лели, Томаса Лоренса.

Коллекция скульптуры включает в себя более чем 1400 работ, относящихся к периоду с XV по XX век. Это отливки из бронзы и мраморные статуи Бенвенуто Челлини, Леоне Леони, Юбера Ле Сюера, Франсуа Жирардона, Антуана Куазво, Филиппа Бертрана, Антонио Кановы. Английская скульптура представлена именами Джозефа Ноллексена, Фрэнсиса Чантри, Уильяма Тида.

Королевское собрание хранит более чем 150 000 гравюр, а также около 40 000 рисунков и акварелей. Наибольший интерес и выдающуюся ценность представляют 80 портретов Ганса Гольбейна Младшего, около 600 рисунков Леонардо да Винчи, большая коллекция рисунков Рафаэля, а также замечательное ое собрание акварелей Уильяма Хогарта.

ЛОНДОН
Музей Виктории и Альберта

Музей Виктории и Альберта является обладателем одной из прекраснейших художественных коллекций в Великобритании. Он был основан в 1852 году в Южном Кенсингтоне, и с 1899 года носит имя английской королевы и ее последнего супруга. Здание музея, построенное в Викторианском стиле, является выдающимся памятником архитектуры.

Музей демонстрирует крупное собрание скульптуры, включающее работы прославленных итальянских ваятелей Лоренцо Бернини и Антонио Кановы, а также копии произведений Микеланджело Буонарроти, Донателло, Андреа Верроккьо. Интересна коллекция акварелей английских мастеров.

Главная ценность музея — крупнейшее в мире собрание декоративно-прикладного искусства, насчитывающее более четырех миллионов экспонатов. Здесь можно найти первоклассные образцы изделий из фарфора и металла, керамику, ювелирные изделия и драгоценности, церковную утварь, оружие и доспехи, предметы одежды, текстиль, музыкальные инструменты, мебель и множество других великолепных произведений искусства из европейских и азиатских стран. Особой популярностью у посетителей пользуется галерея стекла с удивительной стеклянной лестницей.

В музее также можно увидеть большую коллекцию фотографии, которая включает в себя шедевры с середины XIX столетия до нашего времени.

Канова А.
Три Грации. 1814-1817

Браун Ф. М.
Илия возвращает сына вдове. 1864

Св. Корнелиус (фрагмент витража).
Германия, 1525

Констебл Дж.
Кафедральный собор в Солсбери.
1823

Рафаэль. Передача ключей св. Петру (цв. картон фрески). 1515

ЛОНДОН
Национальный морской музей

Национальный морской музей является одним из крупнейших музеев своего профиля в мире. Здание музея является выдающимся памятником архитектуры и расположено в Гринвиче рядом с Королевской обсерваторией, Домом Королевы и Гринвичским парком.

Собрание музея содержит более двух миллионов объектов, связанных с мореплаванием. Здесь можно увидеть коллекции астролябий, моделей и планов судов, флагов и военных мундиров, фильмов, фотографий, рукописей, документов, диаграмм.

Главная ценность собрания — прекрасная коллекция живописи. В экспозиции представлены полотна маринистов и портреты выдающихся морских офицеров. К лучшим работам можно отнести «Портрет Нельсона» Лемюэля Френсиса Эббота, «Портрет командора Кеппела» Джошуа Рейнолдса, «Сражение при Солибее» и «Сражение английского судна с корсарами» Виллема Ван де Вельде Младшего, «Английский корабль “Портсмут” вблизи берега» Виллема Ван де Вельде Старшего, «Испанская армада» Уильяма Тернера. Также в музее представлены полотна Джона Синглтона Копли, Томаса Гейнсборо, Каналетто, Джорджа Ромни и других известных художников. Интересны коллекции гравюры, рисунка и фотографии, которые также посвящены морской тематике.

Ван де Вельде Младший В. Прибытие в порт голландского флагманского судна. Ок. 1658

Ван де Вельде Младший В. Английский корабль, атакованный корсарами. Ок. 1680-1685

Ван де Вельде Старший В. Битва при Шевенингене 31 июля 1653 года. 1655

Роуландсон. Чины во флоте Нельсона. 1799

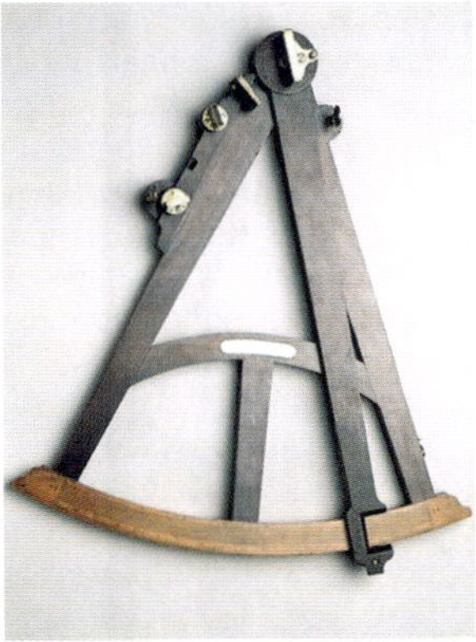

Октант. 1753

Ван де Вельде Младший В. Голландские корабли при попутном ветре. 1673

ЛОНДОН
Национальная галерея

Лондонская Национальная галерея хранит одну из прекраснейших в мире коллекций европейской живописи. Музей был основан в 1824 году и находился на улице Пэлл-Мэлл. С годами коллекция галереи значительно увеличилась, и в 1838 году музей переехал в свое нынешнее, более просторное здание на Трафальгарской площади, построенное по проекту Уильяма Уилкинса.

Собрание Национальной галереи насчитывает около 2000 работ и по своим размерам значительно уступает крупнейшим художественным музеям мира. Однако по числу представленных в нем шедевров оно занимает в их ряду поченое место. В музее представлены этапные работы величайших европейских живописцев XIII-XIX столетий. Коллекция итальянской

Ван Гог В.
Подсолнухи. 1888

Пьеро делла Франческа.
Крещение. 1450

Сера Ж.
Купание в Аньере. 1883-1884

Леонардо да Винчи.
Мадонна в гроте. 1491-1508

Констебл Дж.
Воз сена. 1821

Ренуар О.
Катание на лодке в Аньере. 1879

Каналетто.
Двор каменщика. 1727-1728

Боттичелли С. Венера и Марс. 1485

живописи считается одной из самых полных за пределами Аппенинского полуострова. Она включает в себя шедевры живописи мирового значения: «Крещение Христа» Пьеро делла Франческа, «Поклонение волхвов» Сандро Боттичелли, «Мадонна со Святой Анной» Леонардо да Винчи, «Мадонна Ансидеи» Рафаэля, «Мадонна с младенцем и Святым Иоанном» Микеланджело Буонарроти, «Поклонение волхвов» Джорджоне, «Вакх и Ариадна» Тициана, «Встреча в Эммаусе» Микеланджело да Караваджо, «Пир Клеопатры» Джованни Баттиста Тьеполо. Обращает на себя внимание «Битва при Сан-Романо» Паоло Уччелло — одно из первых в истории батальных полотен.

В галерее представлены прекрасные образцы нидерландской и фламандской живописи, включающие работы Рогира Ван дер Вейдена, Ганса Мемлинга, Иеронимуса Босха, Питера Брейгеля Старшего, Рембрандта, Питера Пауля Рубенса, Антониса Ван Дейка и других прославленных мастеров. Гордостью музея является известнейшее полотно Яна ван Эйка «Портрет четы Арнольфини», а также две картины кисти Яна Вермеера.

Английская живопись представлена не столь полно, как в галерее Тейт. Тем не менее, Национальная галерея демонстрирует работы Джошуа Рейнолдса, Джона Констебла, Джона Кроума, Уильяма Тёрнера и ряда других прославленных мастеров. Подлинным украшением залов английской живописи являются полотна Уильяма Хогарта «Модный брак» и «Девушка с креветками», а также шедевр Томаса Гейнсборо «Утренняя прогулка».

Значительный интерес представляет коллекция испанской живописи, включающая работы таких прославленных мастеров как Эль Греко, Диего Веласкес, Бартоломе Эстебан Мурильо, Хусепе Рибера, Франсиско де Сурбаран, Франсиско де Гойя.

Остальные европейские школы живописи представлены не столь богато, однако нельзя не упомянуть таких известных мастеров как Лукас Кранах Старший, Ганс Гольбейн Младший, Альбрехт Дюрер, Никола Пуссен, Клод Лоррен, Филипп де Шампень, Камиль Коро, Эдуард Мане, Оноре Домье, Пьер-Огюст Ренуар, Поль Сезанн, полотна которых украшают залы Национальной галереи.

Рембрандт. Автопортрет. 1640

Тициан. Вакх и Ариадна. 1520-1523

Ван Эйк Я. Чета Арнольфини. 1434

Гольбейн Младший Г. Послы. 1533

ЛОНДОН
Собрание Уоллиса

Собрание Уоллиса принадлежит к числу крупнейших художественных коллекций Великобритании. Оно формировалось в XVIII-XIX веках представителями семейства графов Сеймур-Конвэй. В 1897 году вдова сэра Ричарда Уоллиса, принадлежавшего к этому знатному роду, завещала собрание государству: по прошествии трех лет на его основе был создан музей.
Собрание включает в себя одну из прекраснейших в Англии коллекций живописи XIV-XIX столетий, уступающую по полноте только собранию Национальной галереи. Наиболее широко представлены французская живопись XVIII века, портреты английских художников и работы голландских и фламандских мастеров XVII столетия. В залах музея можно увидеть картины выдающихся живописцев — Тициана, Питера Пауля Рубенса, Рембрандта, Диего Веласкеса, Никола Пуссена, Каналетто, Томаса Лоренса, Томаса Гейнсборо, Антуана Ватто, Франсуа Буше, Жана Оноре

Делакруа Э.
Казнь дожа Марино Фалиери. 1827

Халс Ф.
Смеющийся кавалер. 1624

Роза С.
Речной пейзаж с Аполлоном и Кумской Сивиллой. Ок. 1655

Рембрандт.
Портрет сына Титуса. 1657

Фрагонара. Жемчужина живописной коллекции — известное полотно Франса Халса «Смеющийся кавалер». Собрание Уоллиса демонстрирует прекрасную коллекцию английской и французской акварели XIX века, включающую в себя работы Уильяма Тернера, Теодора Жерико, а также крупнейшее в мире собрание произведений английского живописца Ричарда Паркса Бонингтона.
Великолепное собрание декоративно-прикладного искусства включает в себя знаменитые Лиможские эмали, севрский фарфор и майолику из Деруты, Кастель-Дуранте и Урбино, керамику, изделия из стекла и металла, драгоценности, мебель и многие другие предметы. Гордостью коллекции является прекрасное собрание оружия.

Деларош П. Кардинал Мазарини на смертном одре. 1830

ЛОС-АНДЖЕЛЕС
Музей искусств Каунти

Музей искусств Каунти обладает одной из лучших художественных коллекций США. Он был образован в 1910 году как часть Музея науки, истории и искусства, а с 1961 года получил статус самостоятельного учреждения. Через четыре года музей переехал в здание на бульваре Уилшир, где размещается и по сей день.

Собрание музея включает в себя более 100 000 предметов разных эпох со всех частей света. Первой сформировалась коллекция американской живописи, состоящая из работ многих известных художников. Ее главная достопримечательность — картина Джорджа Уэсли Беллоуза «Жители утесов», изображающая сцену из жизни городских бедняков. Стоит отметить также коллекцию американской акварели.

Европейская живопись представлена творчеством художников ведущих школ, работавших в XII-XX веках. В собрании музея хранятся картины Якопо Беллини, Россо Фьорентино, Паоло Веронезе, Тициана, Франса Халса, Питера Пауля Рубенса, Франсуа Буше, Жана Оноре Фрагонара, Юбера Робера, Джованни Баттиста Тьеполо, Эжена Делакруа, Камиля Писсарро, Клода Моне, Поля Гогена и других прославленных мастеров. К достопримечательностям собрания можно отнести полотна «Воскрешение Лазаря» Рембрандта и «Сестры Белелли» Эдгара Дега. В залах живописи расположены также прекрасные образцы скульптуры.

Интересна коллекция работ немецких экспрессионистов — Эрнста Людвига Кирхнера, Эриха Хекеля, Карла Шмидта Роттлюфа, Фритца Блейля и художников, входивших в группу «Мост».

Беллини Д.
Мадонна с младенцем. Ок. 1465

Ассирийский рельеф из дворца Ашурнасирпала II в Нимруде

Лейн Ф. Х.
Корабль вблизи берега. 1851

Уэст Б.
Фетида, вручающая оружие Ахиллесу. 1804

Аллори А. Венера, обезоруживающая Купидона. Ок. 1570

ЛОС-АНДЖЕЛЕС
Музей Пола Гетти

Музей Пола Гетти в Лос-Анджелесе размещает одну из прекраснейших частных художественных коллекций. Она принадлежала американскому магнату Полу Гетти, одному из самых богатых людей своего времени, который еще при жизни открыл коллекцию для публики. Музей был основан в 1974 году, а с 1997 года располагается в своем нынешнем здании, построенном по проекту Ричарда Мейера.

Коллекция музея отражает пристрастия своего собирателя, которого более всего интересовали античная мраморная и бронзовая скульптура, живопись эпохи Возрождения, ковры из Персии и с мануфактуры Савонри, а также французская мебель и ковры XVIII столетия. После смерти Гетти в

*Давид Ж. Л.
Прощание Телемака с Евхарис. 1818*

*Бассано Я.
Портрет бородатого мужчины. Ок. 1550*

*Романо Дж.
Святое семейство. 1520-1523*

*Мантенья А.
Поклонение волхвов*

*Мазаччо.
Святой Андрей. 1426*

*Роберти Э.
Св. Иероним. Ок. 1470*

*Батони П.
Христос в славе в окружении четырех святых. 1736-1738*

Рембрандт.
Похищение Европы. 1632

Рибера Х.
Философ. 1630-1637

1976 году, музей продолжил активно пополнять свою коллекцию. Самое громкое приобретение — бронзовая скульптура атлета-победителя, авторство которой принадлежит древнегреческому ваятелю Лисиппу. Это прославленное произведение, найденное в 1964 году в Адриатическом море, стоило музею немногим менее четырех миллионов долларов.

Кампен Р.
Мадонна с младенцем. 1450-1470

МАДРИД
Прадо

Прадо принадлежит к числу крупнейших в мире художественных музеев. Он был основан в 1818 году на базе коллекций, собранных испанскими королями династий Габсбургов и Бурбонов за три столетия. Годом позже музей был открыт для широкой публики. Здание музея, построенное по проекту архитектора Хуана де Вильянуэвы, является выдающимся памятником испанского неоклассицизма. Оно находится в парке Прадо в центре Мадрида, отсюда и название музея.

Собрание Прадо не отличается той всеохватностью, которой могут похвастаться музеи-гиганты, такие как Лувр или Государственный Эрмитаж, однако некоторые коллекции музея можно назвать уникальными. Одна из них — великолепная коллекция испанской живописи XII-XIX веков, крупнейшая в мире. Она включает в себя важнейшие работы таких живописцев, как Хайме Угет, Педро Берругете, Эль Греко, Франсиско де Сурбаран, Хусепе Рибера, Бартоломе Эстебан Мурильо, Висенте Лопес-и-Портанья. Собрание обладает богатой коллекцией полотен Диего Веласкеса, среди которых такие шедевры, как «Кузница Вулкана», «Вакх»,

Сурбаран Ф.
Видение св. Педро Ноласко. 1629

Гойя Ф.
Сатурн пожирает своих детей. 1819-1823

Веласкес Д.
Менины. 1656

Гойя Ф.
Маха обнаженная. Ок. 1800

Эль Греко.
Несение креста. 1600-1605

Веласкес Д. Сдача Бреды. Ок. 1635

Брейгель Старший П.
Триумф Смерти. 1652

«Сдача Бреды», многочисленные портреты придворных шутов, а также всемирно известные «Менины» и «Портрет инфанты Маргариты». В залах испанской живописи можно встретить такие выдающиеся работы Франсиско де Гойи, как «Маха одетая», «Маха обнаженная» и «Расстрел повстанцев 3 мая 1808 года».

Музей демонстрирует прекрасную коллекцию итальянской живописи, включающую работы выдающихся мастеров — Фра Анджелико, Андреа Мантеньи, Сандро Боттичелли, Джорджоне, Якопо Тинторетто, Паоло Веронезе, Микеланджело да Караваджо, Гвидо Рени, Джованни Баттиста Тьеполо. Особой популярностью пользуются полотна Рафаэля, среди которых «Святое семейство с агнцем», «Портрет кардинала», «Несение креста», «Встреча Марии и Елизаветы», а также Тициана («Конный портрет Карла V», «Автопортрет», «Даная», «Поклонение волхвов»).

Колекция полотен художников нидерландской школы насчитывает более 700 картин, представляющих творчество известнейших живописцев — Питера Брейгеля Старшего, Рогира Ван дер Вейдена, Ганса Мемлинга, Антониса Ван Дейка, Якоба Йорданса, Питера Пауля Рубенса. Наиболее полным в мире является собрание работ Иеронимуса Босха. Оно представляет такие картины мастера, как «Операция глупости», «Семь смертных грехов», а также его знаменитые триптихи — «Воз сена» и «Сад земных наслаждений».

Собрания работ художников других европейских стран не столь внушительны. Однако, полотна Альбрехта Дюрера, Лукаса Кранаха Старшего, Джошуа Рейнолдса, Томаса Гейнсборо, Симона Вуэ, Антуана Ватто, Клода Лоррена, Никола Пуссена несомненно вызывают интерес.

Дюрер А.
Адам и Ева. 1507

Босх И.
Воз сена (Центр. часть триптиха). 1500

МАДРИД
Собрание Тиссен-Борнемиса

Мадридское собрание Тиссен-Борнемиса входит в число интереснейших художественных коллекций Испании. Оно было сформировано промышленником и коллекционером бароном Генрихом Тиссеном и его сыном Гансом Генрихом в начале XX века. В 1993 году коллекция была продана государству и стала доступна для широкой публики. Музей располагается недалеко от Прадо во дворце Виллаэрмоса, построенном в 1771 году.

Собрание Тиссен-Борнемиса насчитывает около 800 живописных полотен, расположенных в хронологическом порядке. Несмотря на небольшой объем, коллекция включает в себя работы, иллюстрирующие все важные течения в искусстве с XIII века до наших дней. В залах музея можно полюбоваться произведениями Альбрехта Дюрера, Яна Ван Эйка, Виторре Карпаччо, Эль Греко, Джованни Батиста Пъяцетты, Якопо Тинторетто, Франсиско де Гойи, Эдуарда Хоппера, Клода Моне, Пьера-Огюста Ренуара, Поля Гогена, Винсента Ван Гога, Пауля Клее. Среди шедевров собрания можно выделить такие, как «Портрет Джованны Торнабуони» Доменико Гирландайо, «Святая Каталина» Микеланджело да Кара-

Дельво П.
Женщина перед зеркалом. 1936

Косса Ф.
Портрет мужчины с кольцом.
1472-1477

Эль Греко.
Благовещение

Кампен Р.
Портрет толстого мужчины. 1425

Дюрер А. Христос среди книжников. 1506

Магритт Р.
Ключ к полям. 1936

Тулуз-Лотрек А. де.
Рыжеволосая в белой блузе. 1889

Дега Э. В лавке модистки. 1883

ваджо, «Св. Иероним в пустыне» Тициана, «Туалет Венеры» Питера Пауля Рубенса, «Человек с кларнетом» и «Арлекин у зеркала» Пабло Пикассо. Несомненную ценность представляет мастерски выполненная миниатюра «Дева Мария у сухого древа» кисти Петруса Кристуса.

В 2005 году музей пополнился более чем 200 картинами из коллекции Кармен Тиссен. Эти произведения располагаются в новых залах.

МАДРИД
Паласио Реаль

Мадридский Паласио Реаль хранит одну из прекраснейших художественных коллекций Испании. Этот дворец, являющийся официальной резиденцией короля, был построен в 1755 году по проекту архитектора Хуана Баутисты Сакетти. Здание Паласио Реаль по величине не знает себе равных среди дворцов Европы. Оно располагается на площади Орьенте и является выдающимся памятником мировой архитектуры.

Дворец насчитывает около 2800 залов, 50 из которых представляют для обозрения коллекцию произведений искусства. Здесь можно полюбоваться прекрасными образцами живописи таких мастеров как Питер Пауль Рубенс и Эль Греко. В росписи стен дворца, которые также являются шедеврами мировой живописи, принимали участие такие выдающиеся художники, как Диего Веласкес, Джованни Баттиста Тьеполо, Антон Рафаэль Менгс, Франсиско де Гойя.

Музей экспонирует прекрасную коллекцию декоративно-прикладного искусства. Она включает в себя коллекцию посуды (испанский, китайский и знаменитый Севрский фарфор), предметы мебели, обширное собрание оружия, включающее предметы, начиная XIII века, а также прекрасную продукцию королевской фабрики гобеленов. Залы, в которых размещаются экспонаты, сами могут быть причислены к великолепным произведениям декоративного искусства.

Караваджо.
Саломея с головой Иоанна Крестителя. Ок. 1609

Веласкес Д.
Белая лошадь. 1634-1635

Фландес Х. де.
Переправа через Генисаретское озеро

Интерьер Рыцарского зала

МАНЧЕСТЕР
Художественная галерея

Манчестерская художественная галерея обладает одной из крупнейших коллекций искусства на Британских островах. Она была основана в 1823 году, а по прошествии двух лет началось возведение здания галереи. Это неоклассическое здание было выполнено под руководством известного архитектора сэра Чарлза Барри, по проекту которого велось строительство знаменитых Зданий Парламента в Вестминстере.

Галерея размещает обширное собрание европейского искусства, включающее в себя около 2000 картин маслом, 3000 акварелей, 250 скульптур и более 10000 гравюр. В основном это работы английских художников, среди которых выделяются такие имена как Томас Гейнсборо, Уильям Этти, Джордж Стаббс, Уильям Тернер и Уильям Холман Хант.

Гордость музея — одно из прекраснейших собраний живописи прерафаэлитов. Оно включает в себя крупнейшую в мире коллекцию работ Форда Мэдокса Брауна, среди которых его знаменитое масштабное полотно «Труд», а также «Манфред на вершине Юнгфрау», «Шильонский узник», «Тело Гарольда, принесенное Вильгельму Завоевателю», «Портрет Шекспира», «Ступени жестокости» и другие работы. Обращают на себя внимание картины Данте Габриэля Россетти «Астарта Сирийская», «La Donna della Fiamma», «La Joli Coeur». Творчество прерафаэлитов и художников их круга представлено также работами Джона Эверетта Миллеса, Эдварда Берн-Джонса, Фредерика Сэндиса, Джона Уильяма Уотерхауса, Артура Хьюза, Джона Бретта, Валентайна Принсепа, Симеона Соломона, Томаса Вулнера и Джона Мельюиша Страдуика.

Коллекция декоративно-прикладного искусства состоит из 12 000 экспонатов, большинство из которых — изделия из стекла, керамика и мебель.

Россетти Д. Г.
Астарта Сирийская. 1875-1877

Уотерхаус Дж. У.
Гилас и нимфы. 1896

Лейтон Дж. Ф.
Андромаха в плену. 1888

Блейк У.
Портрет Шекспира со сценами из «Макбета». 1800

Браун Ф. М. Труд. 1852-1865

МЕЛЬБУРН
Национальная галерея Виктории

Национальная галерея Виктории является крупнейшим и старейшим художественным музеем Австралии. Основанная в 1861 году, она располагается в великолепном здании в самом центре города.

Собрание галереи демонстрирует произведения искусства из разных уголков земного шара. Самой ценной можно считать прекрасную коллекцию европейской живописи, знакомящей публику с полотнами прославленных старых мастеров: Паоло Учелло, Паоло Веронезе, Питера Пауля Рубенса, Антониса Ван Дейка, Рембрандта, Джованни Баттиста Тьеполо. Широко представлена также живопись XIX-XX веков, в том числе работы Уильяма Тернера, Пьера-Огюста Ренуара, Клода Моне, Пабло Пикассо, Винсента Ван Гога.

В 2003 году рядом с основным зданием галереи был построен Центр Иана Поттера. Сегодня его помещения занимает прекрасная коллекция австралийского искусства, насчитывающая более 20000 экспонатов. Здесь представлено творчество известных живописцев Зеленого континента — Сидни Нолана, Альберта Такера, Артура Бойда и других художников. Жемчужина коллекции — полотно Фредерика Маккаббина «Пионер». Интересна коллекция декоративно-прикладного искусства, включающая в себя греческие вазы, керамику, текстиль и другие экспонаты.

Домье О.
Читающий Дон Кихот. 1865-1870

Мане Э.
Дом в Рюэле. 1882

Энгр Ж. О. Д.
Эскиз к «Гробнице леди Джейн Монтегю». 1816

Писсарро К.
Бульвар Монмартр. Серое утро. 1897

Батлер Э. Защита в каре. 1875

Уотерхаус Дж. У. Улисс и сирены. 1891

МИЛАН
Кастелло Сфорческо

Замок Кастелло Сфорческо хранит обширную коллекцию искусства. Он был построен по заказу Франческо Сфорца в середине XV столетия и является одной из главных достопримечательностей Милана. В его оформлении принимали участие лучшие художники того времени, в том числе Донато Браманте и Микеланджело Буонарроти. Сегодня в Кастелло Сфорческо располагаются четыре музея: Д'арте Аттика, Музыкальных инструментов, Археологических находок и Пинакотека, пользующаяся наибольшей популярностью. Также в замке можно увидеть прекрасное собрание монет, коллекции мебели и декоративного искусства.

Живописная коллекция Пинакотеки в основном включает в себя творения итальянских мастеров. В экспозиции представлены фрески и картины выдающихся живописцев — Андреа Мантеньи, Чезаре да Сесто, Джованни Беллотто, Каналетто и других.

Жемчужиной скульптурного собрания Кастелло Сфорческо является последняя работа великого Микеланджело Буонарроти — незаконченная скульптура «Пьета Ронданини».

Соларио А.
Женский портрет. 1505-1507

Корреджо. Портрет читающего человека. 1517-1534

Беллини Дж.
Портрет поэта Рафаэле Зовенцони. Ок. 1467

Брамантино.
Оплакивание Христа. 1515-1530

Прокаччини К.
Поклонение волхвов. Ок. 1610

Фоппа В.
Мадонна с младенцем. Ок. 1475

Сесто Ч. да.
Алтарь

МИЛАН
Музей Польди-Пеццоли

Миланский музей Польди Пеццоли хранит одну из прекраснейших художественных коллекций Италии. Она была собрана знатоком искусства Джакомо Польди Пеццоли в третьей четверти XIX столетия. В 1881 году владелец собрания передал коллекцию и свой дворец государству, после чего они стали доступны широкой публике.

Музей главным образом известен своей прекрасной коллекцией живописи, в основном работ итальянских мастеров. Здесь можно найти великолепные произведения крупных художников Возрождения, к которым относятся «Мадонна с младенцем» и «Портрет мужчины» Андреа Мантеньи, «Святой Николай Толентинский» Пьеро дела Франчески, «Мадонна с младенцем» Сандро Боттичелли, «Артемида» Луки Синьорелли, «Мертвый Христос» Джованни Беллини, «Портрет молодой женщины» Антонио Поллайоло, «Портрет Джованни Франческо Бривио» Винченцо Фоппы, «Мадонна с младенцем» Джованни Антонио Больтраффио, «Муза Терпсихора» Козимо Туры, «Портрет куртизанки» Пальма Веккьо. Также в музее

Боттичелли С.
Оплакивание Христа. 1495

Поллайоло А.
Женский портрет

Сесто Ч. да.
Мадонна с младенцем

Поллайоло А.
Портрет дамы

Тура К.
Муза Терпсихора

выставлены работы итальяснких мастеров XVIII-XIX столетий — Джованни Баттиста Тьеполо, Каналетто, Франческо Гварди, Франческо Айеца. Из немногочисленных работ представителей других художественных школ можно выделить произведения Лукаса Кранаха Старшего.

В музее Польди Пеццоли хранится прекрасная коллекция прикладного искусства. Экспонаты разделены по стилям, каждому из которых посвящена отдельная комната. К основным моментам коллекции относятся изделия из золота, бронзы, стекла и фарфора, керамика, ковры и ткани, песочные и механические часы, ювелирные изделия, предметы мебели, а также крупная коллекция оружия.

МИЛАН
Пинакотека Амброзиана

Пинакотека Амброзиана обладает замечательной художественной коллекцией. Основанная в 1618 году архиепископом Фредерико Борромеи на базе собственной коллекции, она размещается на площади папы Пия XI, в историческом центре города.

Ядро собрания Пинакотеки составляют произведения итальянских живописцев XV — начала XX веков. В залах музея можно полюбоваться полотнами прославленных мастеров Возрождения: Сандро Боттичелли, Бартоломео Виварини, Леонардо да Винчи, Доменико Гирландайо, Брамантино, Якопо Тинторетто, Паоло Веронезе. Несомненный интерес представляет зал, расписанный фресками одного из величайших последователей Леонардо — Бернардино Луини. Гордость Пинакотеки — картон знаменитой фрески Рафаэля «Афинская школа».

Портрет молодой женщины (Мастерская Леонардо да Винчи). Ок. 1495

Брейгель Старший Я. Букет. Ок. 1605

Леонардо да Винчи. Портрет музыканта. 1485

Аверкамп Х. Зимний пейзаж

Караваджо. Корзина с фруктами. 1596

Работы Моретто да Брешиа, Гвидо Рени, Франческо Айеца представляют итальянскую живопись других художественных эпох. Одной из несомненных жемчужин коллекции является натюрморт Микеланджело да Караваджо «Ваза с фруктами». Среди немногочисленных картин художников других школ выделяются работы братьев Питера и Яна Брейгелей, сыновей прославленного живописца Северного Возрождения.

Во внутреннем дворе пинакотеки и некоторых ее залах выставлены образцы скульптуры, в том числе творения Антонио Кановы и Альберта Торвальдсена.

МИЛАН
Пинакотека Брера

Миланская Пинакотека Брера является одним из прекраснейших художественных музеев Италии. Она расположена во дворце Брера, где также находятся Академия художеств, библиотека и обсерватория. Галерея была создана как наглядное пособие для студентов Академии, а в 1882 году приобрела статус самостоятельного учреждения и стала доступна для широкой публики.

В музее выставлено немногим более 400 полотен, в основном картины итальянских мастеров. Однако здесь можно увидеть выдающиеся работы крупнейших живописцев своего времени: «Мертвый Христос» Андреа Мантеньи, «Христос у колонны» Донато Браманте, «Алтарь Монтефельтро» Пьеро

Мантенья А.
Фреска

Айец Ф.
Поцелуй. 1859

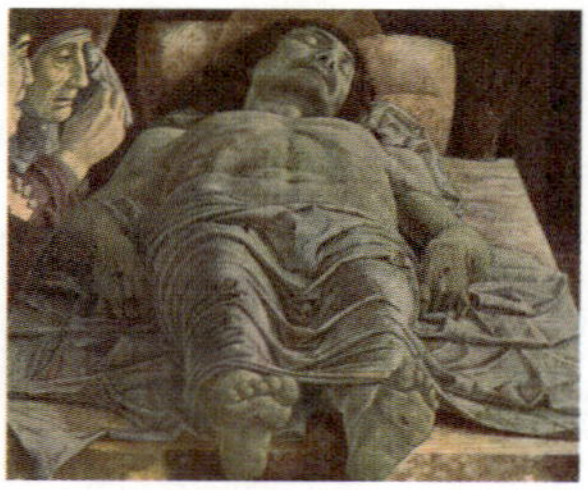

Мантенья А.
Мертвый Христос. 1490-1500

Предис. А. де
Портрет молодого человека. Ок. 1500

Айец Ф.
Одалиска. 1867

Караваджо. Ужин в Эммаусе. 1606

Бембо Б.
Портрет Франческо Сфорца

Косса Ф.
Святой Петр. 1473

делла Франческа, «Обручение Марии» Рафаэля, «Проповедь Святого Марка в Александрии» Джованни Беллини, «Ужин в доме Симона» Паоло Веронезе, «Ужин в Эммаусе» Микеланджело да Караваджо, «Чудо Святого Марка» Якопо Тинторетто, «Поцелуй» Франческо Айеца, «Портрет Моиса Кислинга» Амедео Модильяни и множество других прекрасных полотен, иллюстрирующих историю итальянской живописи.

Художественные школы других европейских стран представлены более скромно. Тем не менее, музей дает возможность познакомиться с творчеством таких мастеров кисти, как Рембрандт, Питер Пауль Рубенс, Антонис Ван Дейк.

Рафаэль. Обручение Марии. 1504

МИННЕАПОЛИС
Институт искусств

Институт искусств, расположенный в университетском городке Миннеаполиса, хранит одно из прекраснейших художественных собраний США. Он был основан в 1889 году в новом здании, построенном по проекту фирмы Маккима, Мида и Уайта. Музей открыл свои двери для публики в 1915 году.

Собрание института искусств насчитывает более 100 000 экспонатов, охватывающих 5000 лет мировой истории. Оно включает в себя картины, скульптуры, рисунки, гравюры, фотографии, предметы декоративного искусства, а также коллекции искусства Древнего Мира, Азии, Африки, Океании, Северной и Южной Америки. Коллекция живописи состоит почти из 900 работ американских и европейских мастеров XIV-XX столетий. Ее основу составляют произведения французских художников XVII-XIX веков, мастеров итальянского барокко, голландского Золотого века, а также полотна кубистов, фовистов и немецких экспрессионистов. Наиболее ценны картины Никола Пуссена, Клода Лоррена, Эжена Делакруа, Гюстава Курбе, Клода Моне, Рембрандта, Рене Магритта. В залах американской живописи представлены работы

Сера Ж.
Пор-ан-Бессен. 1888

Миро Х.
Испанские карты. 1920

Рембрандт.
Лукреция. Ок. 1666

Гоген П.
Таитянский пейзаж. 1893

Моне К.
Стог сена. Солнце в тумане. 1890

Джона Сингера Сарджента, Гилберта Стюарта, Джорджии О'Киффи, Ларри Риверса.

В музее выставлена интересная коллекция скульптуры XX века, включающая работы Константена Бранкузи, Амедео Модильяни, Анри Матисса, Генри Мура, Альберто Джакометти, Раймона Дюшан-Вийона. Среди предметов декоративно-прикладного искусства, представленных в экспозиции, выделяются английское серебро, французский фаянс XVIII столетия, китайский фарфор, а также крупные коллекции оружия и текстиля.

Моне К. Японский мостик. 1918-1924

МОНРЕАЛЬ
Музей изящных искусств

Монреальский Музей изящных искусств хранит крупнейшее в Канаде художественное собрание. Начало коллекции было положено местной ассоциацией художников в 1860 году. Большой вклад в формирование собрания музея внесли торговцы и промышленники Монреаля — одного из богатейших в то время городов Нового Света. Наиболее ценный дар поступил от Бенайи Джибба, завещавшего коллекцию картин и скульптур, участок земли для строительства музея и крупную сумму денег на его создание. Музей был открыт в 1912 году в новом здании на улице Шербрук, построенном по проекту архитекторов Эдварда и Уильяма Максвеллов.

Сегодня в залах музея можно увидеть крупную коллекцию западноевропейской живописи XVIII-XIX веков, обширное собрание картин кисти канадских художников, произведения графики и скульптуры. Отдельного упоминания заслуживает прекрасная коллекция декоративно-прикладного искусства, основу которой составил дар Лилиен и Дэйвида Стюартов, передавших в музей более 5000 изделий. Также здесь можно познакомиться с коллекцией искусства североамериканских эскимосов, одной из крупнейших в мире.

Мемлинг Г.
Мужской портрет. 1490

Тиссо Дж.
Октябрь. 1877

Сислей А.
Лето в Роше-Курто. 1880

Роза С.
Ясон, усыпляющий дракона

Домье О.
Женщины, бегущие от сатира. 1850

Собрание музея столь обширно, что лишь малая его часть может быть представлена в экспозиции. Остальные сокровища демонстрируются публике на многочисленных выставках. Музей часто выставляет и жемчужины коллекций из других стран.

4 сентября 1972 года в музее произошло беспрецедентное ограбление. Под покровом ночи преступникам удалось проникнуть в здание и похитить несколько десятков экспонатов, оценивающихся экспертами в два миллиона долларов США. Среди бесследно пропавших ценностей — один из пейзажей Рембрандта, работы Рубенса, Делакруа, Коро, Гейнсборо.

МОСКВА
Государственная Третьяковская галерея

Государственная Третьяковская галерея считается крупнейшим музеем мира, посвященным русскому искусству. Она была основана купцом и промышленником Павлом Третьяковым на базе собственной коллекции, которую он начал собирать в 1856 году. К 1872 году собрание Третьякова насчитывало свыше 500 картин, и он начал строительство первых залов музея, пристроив их к дому в Лаврушинском переулке, где жила его семья. В 1881 году коллекция была открыта для широкой публики. Современное здание галереи в Лаврушинском переулке — великолепный образец неорусского стиля — было построено в 1902-1904 году по проекту художника Виктора Васнецова.

В настоящее время собрание музея насчитывает более 100 000 произведений, знакомящих посетителей с историей русского искусства XII-XX столетий. Экспозицию откры-

Кипренский О.
Портрет Жуковского. 1815

Репин И.
Портрет Павла Третьякова. 1883

Ге Н.
«Что есть истина?»
Христос перед Пилатом. 1890

Левитан И.
Вечерний звон. 1892

Перов В.
Проводы покойника. 1865

Врубель М. Сирень. 1900

Рублев А.
Троица. Первая треть XV в.

Верещагин В.
Апофеоз войны. 1871

Крамской И.
Неизвестная. 1883

Шишкин И.
Утро в сосновом бору. 1889

вает крупнейшая в мире коллекция древнерусских икон, включающая в себя знаменитую «Троицу» Андрея Рублёва и замечательные произведения Дионисия. Наиболее полно представлено русское искусство XVIII- начала XIX веков: портреты Ивана Никитина, Федора Рокотова, Дмитрия Левицкого, Владимира Боровиковского.

Отдельный зал галереи посвящен творчеству Александра Иванова. Центральное место в нем занимает масштабное полотно «Явление Христа народу» — главная работа прославленного художника, которую он создавал на протяжении двадцати лет. Также в зале демонстрируются многочисленные этюды и эскизы к картине.

Кроме того, живопись первой половины XIX века представлена работами Карла Брюллова, Ореста Кипренского, Сильвестра Щедрина, Василия Тропинина, Павла Федотова, Алексея Венецианова и других художников. В галерее можно увидеть лучшие полотна крупнейших мастеров живописи второй половины XIX века: «Не ждали», «Портрет М. П. Мусоргского», «Крестный ход в Курской губернии», «Иван Грозный и сын его Иван» Ильи Репина, «Что есть истина?» Николая Ге, «Утро стрелецкой казни», «Меншиков в Березове», «Боярыня Морозова» Василия Сурикова, «Богатыри», «Аленушка», «После побоища Игоря Святославовича с половцами» Виктора Васнецова. Конец XIX — начало XX века представлены произведениями Ивана Шишкина, Архипа Куинджи, Исаака Левитана, Константина Коровина, Михаила Врубеля, Валентина Серова и других.

В музее выставлены также коллекции скульптуры, акварели, рисунка и миниатюр.

Галерея имеет филиалы, в число которых входят Мемориальный музей-мастерская скульптора Анны Голубкиной, Дом-музей Виктора Васнецова, Мемориальный музей-квартира академика живописи Аполлинария Васнецова, Музей-квартира Павла Корина.

Частью музея также является галерея на Крымском валу, экспонирующая работы отечественных мастеров XX века. В ее залах выставлены всемирно известные произведения авангардистов: Казимира Малевича, Василия Кандинского, Марка Шагала, Павла Филонова, Любови Поповой и других. Советское искусство представляют произведения социалистического реализма, «сурового стиля», «второй волны» русского авангарда и других течений.

МОСКВА
Государственный музей изобразительных искусств им. Пушкина

Государственный музей изобразительных искусств имени Пушкина хранит одну из прекраснейших в мире художественных коллекций. Он был создан на основе кабинета искусств при Московском университете и открыт для широкой публики в 1912 году.

Сегодня музей насчитывает более 500 000 экспонатов, иллюстрирующих историю искусства с древних времен до наших дней. Обширная древнеегипетская коллекция содержит статуи эпохи Среднего и Нового царства, саркофаги, туалетные принадлежности, а также знаменитые фаюмские портреты. Собрание античного искусства богато чернофигурной и краснофигурной керамикой, мелкой пластикой и скульптурой.

Гордость музея — картинная галерея, представляющая творчество крупнейших мастеров. Ее открывают византийские мозаики и иконы, а также полотна художников Возрождения: Симоне Мартини, Сандро Боттичелли, Пьетро Перуджино, Паоло Веронезе, Лорен-

Моне К.
Японский мостик. 1899

Пикассо П. Девочка на шаре

Гоген П.
А, ты ревнуешь? 1892

Гоген П. Великий Будда. 1899

Ренуар О.
Девушки в черном

Ван Гог В. Лодки в Сен-Мари. 1888

Аверкамп Х. Катание на коньках. 1620-е

Строцци Б.
Старая кокетка. 1630

Матисс А.
Золотые рыбки. 1912

Ван Гог В.
Красные виноградники в Арле. 1888

цо Лотто, Аньоло Бронзино, Лукаса Кранаха Старшего и других живописцев. Крупнейший отдел галереи знакомит посетителей с искусством XVII-XVIII столетий. Здесь можно увидеть такие шедевры как «Вакханалия» Питера Пауля Рубенса, «Артаксеркс, Аман и Эсфирь» Рембрандта, «Вид на Эгмонт-ан-Зее» Якоба Ван Рейсдала, «Ветчина и серебряная посуда» Виллема Класа Хеды, «Ринальдо и Армида» Никола Пуссена, «Похищение Европы» Клода Лоррена, «Мадонна с младенцем» Франсиско де Сурбарана, «Девочка — продавщица фруктов» Бартоломео Эстебана Мурильо, «Венецианский дворик» Франческо Гварди, «Геркулес и Омфала» Франсуа Буше, «Андромаха, оплакивающая Гектора» Жака Луи Давида и многие другие известные картины. Великолепное собрание работ французских импрессионистов и постимпрессионистов известно на весь мир. Оно включает в себя картины выдающихся мастеров, таких как Клод Моне, Эдуард Мане, Пьер-Огюст Ренуар, Эдгар Дега, Камиль Писсарро, Альфред Сислей, Поль Сезанн, Винсент Ван Гог, Поль Гоген.

Музей обладает внушительным собранием графики, которое насчитывает около 400 000 листов и включает в себя работы Альбрехта Дюрера, Питера Пауля Рубенса, Рембрандта, Пьера-Огюста Ренуара, Анри Матисса, Пабло Пикассо, Карла Брюллова, Александра Иванова, Владимира Фаворского, Кацусика Хокусаи.

Интересно собрание скульптуры, в котором представлены произведения Жана Антуана Гудона, Жана Батиста Пигаля, Этьенна Мориса Фальконе, Клодиона, Огюста Родена, Аристида Майоля, Эмиля Антуана Бурделя, Жана Батиста Карпо, Константена Менье, Джакомо Манцу и других известных ваятелей.

МЮНХЕН
Новая Пинакотека

Новая пинакотека в Мюнхене представляет исчерпывающий обзор живописи XVIII-XIX веков. Она была основана королем Людвигом I Баварским в 1853 году и находится в здании построенном по проекту архитектора Александра фон Бранка на Площади Искусств, рядом со Старой Пинакотекой.

Сегодня музей обладает одной из самых значительных коллекций европейской живописи от классицизма до модерна, включающей в себя около 3000 полотен. Здесь можно увидеть одну из крупнейших за пределами Великобритании коллекцию работ английских живописцев, включающую работы Томаса Гейнсборо, Джона Констебла, Джошуа Рейнолдса, Дэвида Уилки, Томаса Лоренса, Джорджа Ромни, Ричарда Уилсона, Джорджа Стаббса и Уильяма Тернера.

Особое внимание уделено художникам Германии. Немецкий классицизм проиллюстрирован картинами Фридриха Овербека, Вильгельма фон Шадова, Петера фон Корнелиуса. Среди представителей романтизма выделяются

Кнопф Ф.
Затворница. 1891

Климт Г.
Музыка I. 1895

Штук Ф. фон.
Грех. 1893

Мане Э.
Завтрак в мастерской. 1868

Климт Г.
Портрет Маргарет Стонборо-Витгенштейн. 1905

Дега Э.
Прачка. 1869

Шиле Э. Агония. 1912

Домье О.
Дон Кихот и Санчо Панса. 1865-1870

Мане Э.
Лодка-мастерская Моне. 1874

Гоген П.
Рождество. 1896

Ван Гог В.
Подсолнухи. 1888

Крейн У.
Кони Посейдона. 1892

Каспар Давид Фридрих и Карл Фридрих Шинкель. Реализм представлен работами Вильгельма Лейбля, Франца фон Ленбаха, Адольфа Менцеля и других художников. В залах, посвященных немецким импрессионистам, демонстрируются работы Макса Либерманна, Ловиса Коринта и Макса Слефогта.

Коллекции работ других художественных школ не столь представительны, однако включают в себя картины крупнейштх представителей импрессионизма и постимпрессионизма, таких как Пьер-Огюст Ренуар, Эдуард Мане, Клод Моне, Поль Сезанн, Поль Гоген, Эдгар Дега, Камиль Писсарро, Альфред Сислей, Винсент Ван Гог, Поль Синьяк, Эдуард Вюйяр, Морис Дени, а также прославленных художников других стилей, работавших на рубеже XIX-XX столетий — Джованни Сегантини, Густава Климта, Джеймса Энсора, Эдварда Мунка.

МЮНХЕН
Старая Пинакотека

Мюнхенская Старая Пинакотека является одним из крупнейших в мире музеев, представляющих живопись старых мастеров. Ее история начинается с 1528 года, когда герцог Вильгельм IV фон Виттельбах пригласил лучших художников Германии для украшения садового павильона своей резиденции картинами на исторические и библейские темы. Преемники Вильгельма IV продолжили коллекционировать художественные произведения. Строительство здания музея по проекту архитектора Лео фон Кленце началось в 1826 году и было завершено лишь в 1936 году. Сегодня Старая Пинакотека хранит несколько тысяч живописных полотен XIV-XVIII веков.

В постоянной экспозиции представлено 900 картин. Особое место уделено германской живописи, представленной работами Стефана Лохнера, Ганса Гольбейна Старшего, Лукаса Кранаха Старшего, Маттиаса Грюневальда, Михаэля Пахера, Ганса фон Аахена, Адама Эльсхаймера, Иоганна Лисса. В музее собраны важнейшие работы Альбрехта Дюрера, среди которых «Четыре апостола», «Алтарь Паумгартнеров», «Оплакивание Хрис-

Рафаэль. Мадонна Темпи. 1508

Ван Дейк А. Автопортрет

Тициан. Тщеславие

Дюрер А. Портрет Освальда Креля. 1499

Пахер М. Фрагмент Алтаря Отцов Церкви. 1483

Брейгель Старший П. Страна лентяев. 1567

Альтдорфер А.
Битва Александра Македонского и Дария III при Иссе. 1529

Буше Ф.
Мария-Луиза О'Мэрфи. 1752

Рембрандт.
Жертвоприношение Авраама. 1636

Пуссен Н. Мидас и Бахус

та», «Автопортрет». Несомненной жемчужиной собрания немецкой живописи является знаменитое монументальное полотно Альбрехта Альтдорфера «Битва Александра Македонского с царем Дарием».

Собрание нидерландской и фламандской живописи является одним из прекраснейших в мире. Здесь можно найти полотна Рогира Ван дер Вейдена, Ганса Мемлинга, Иеронимуса Босха, Питера Брейгеля Старшего, Якоба Йорданса, Антониса Ван Дейка, Рембрандта, Франса Халса, Герарда Терборха, Яна Стена, Якоба Ван Рейсдала. Творчество Питера Пауля Рубенса представляет свыше 70 полотен, а это больше, чем где-либо в мире. Среди работ прославленного фламандца выделяются многочисленные портреты, картины на античные сюжеты («Похищение дочерей Левкиппа», «Пьяный Силен», «Битва амазонок с греками»), пейзажи («Пейзаж с радугой», «Пейзаж с коровами»), а также полотна на тему Страшного суда и Апокалипсиса.

Музей экспонирует значительное собрание итальянской живописи, охватывающее большинство живописных школ эпохи Возрождения. Итальянские залы украшают работы известных мастеров: Джотто, Фра Анджелико, Филиппо Липпи, Сандро Боттичелли, Леонардо да Винчи, Рафаэля, Тициана, Якопо Тинторетто, Джованни Баттиста Тьеполо, Франческо Гварди.

Интересны собрания французской и испанской живописи, которые, несмотря на небольшую величину, демонстрируют творчество таких мастеров, как Никола Пуссен, Клод Лоррен, Жан Оноре Фрагонар, Франсуа Буше, Жан Батист Симеон Шарден, Бартоломе Эстебан Мурильо, Диего Веласкес, Эль Греко, Хусепе Рибера, Франсиско де Сурбаран.

НЕАПОЛЬ
Музей Каподимонте

Неаполитанский музей Каподимонте хранит одно из прекраснейших собраний искусства на юге Италии. Оно возникло на базе коллекции семейства Фарнезе. Музей располагается во дворце Каподимонте — летней резиденции королей Обеих Сицилий, построенной в 1738 году по проекту архитектора Джованни Антонио Медрано. Коллекции были открыты для публики в 1787 году.

Музей обладает большим собранием древностей, найденных при раскопках древнеримских городов Геркуланума и Помпеи. Обращает на себя внимание также коллекция декоративно-прикладного искусства, включающая в себя мебель XVIII столетия, гобелены, изделия из бронзы, оружие, а также фарфор и майолику знаменитой фабрики Каподимонте.

Мировую известность музей приобрел благодаря собранию живописи XIV-XVII веков. Его главные сокровища — 9 полотен Тициана, произведения Симоне Мартини, Микеланджело да Караваджо и неаполитанских караваджистов. Широко представлена испанская живопись, в том числе рядом работ известного живописца Хусепе Риберы, долгое время жившего в Неаполе.

Карраччи А.
Пьета. 1599-1600

Рибера Х.
Мария Магдалина

Джентилески А.
Юдифь обезглавливает Олоферна

Тициан.
Диана и Купидон. 1544

Караваджо.
Истязание Христа. 1607

Карраччи А. Выбор Геркулеса. 1596

НИЦЦА
Музей изящных искусств

Музей изящных искусств в Ницце представляет одну из богатейших художественных коллекций на юге Франции. Он был открыт в 1928 году и назван в честь художника Жюля Шере, жившего и работавшего в Ницце. Музей размещается в здании, построенном в 1878 году для украинской княгини Елизаветы Васильевны Кочубей.

В музее выставлены произведения, знакомящие посетителей с искусством последних четырех столетий. Основное место занимает французская живопись — работы Жана Оноре Фрагонара, Эжена Будена, Пьера Боннара, Эдуарда Вюйара. Особенно представительна коллекция работ Рауля Дюфи, подаренная музею вдовой художника. Широко представлены полотна импрессионистов, в том числе картины Клода Моне, Эдгара Дега, Альфреда Сислея, Армана Гийомена. Среди представителей других художественных школ выделяются фламандцы Хендрик Ван Бален и Ян Брейгель, а также голландец Кес Ван Донген.

Музей демонстрирует неплохую коллекцию скульптуры, включающую произведения Жана Батиста Карпо, Франсуа Рюда, Огюста Родена, а также довольно крупное собрание гравюры, демонстрирующее работы Жака Калло, Франсиско де Гойи и многих других известных мастеров. Значительный интерес представляют керамические изделия Пабло Пикассо, в изобилии представленные в музее.

Роден О.
Поцелуй

Веллеклер Ж.
Смерть Атиллы

Труибер П.-Д.
Служанка гарема. 1874

Матисс А.
Натюрморт на фоне«Танца». 1909

Дюфи Р.
Большой концерт. 1948

НЬЮ-ЙОРК
Бруклинский музей

Бруклинский музей считается вторым по величине художественным музеем Нью-Йорка и одним из крупнейших в Америке. Он начал формироваться в середине XIX столетия и первоначально располагался в доме маркиза де Лафайета. Современное здание музея было построено в 1897 году по проекту архитекторов Маккима, Уайта и Мида. Оно располагается недалеко от входа в Бруклинский ботанический сад, в получасе езды от центра Нью-Йорка.

Сегодня собрание музея насчитывает более полутора миллионов экспонатов, представляющих искусство практически всех мировых культур и эпох. Коллекция древнеегипетского искусства считается одной из прекраснейших в США и содержит уникальные скульптуры и папирусы, найденные при раскопках храма в Карнаке. Широко представлено искусство Океании, Африки, Азии и доколумбовской Америки.

Крупная коллекция американской живописи включает в себя портреты Гилберта Стюарта, Томаса Икинса, Джона Сингера Сарджента и Чарлза Уилсона Пила, пейзажи Альберта Бирштадта, Фредерика Чёрча, Томаса Коула, Уинслоу Хо-

Кувшин с головой феникса. 10 в.

Древнеегипетская статуэтка

Древнеегипетский погребальный саркофаг. 945-712 гг. до н.э.

Мужчина с плодом какао. Ацтекская статуэтка из камня. Ок. 1200-1521 гг.

Бричер А. Речной причал. 1880-е

Блейк У.
Великий Красный дракон и женщина, одетая Солнцем. 1806-1809

Моне К.
Венеция. Палаццо Дожей. 1908

Моне К. Лондон.
Здание Парламента.
Эффект солнечного света. 1903

Лежащий ягуар. Ацтекская статуэтка из камня

мера, Джорджа Иннесса и Уильяма Меррита Чейза, полотна импрессионистов, в том числе Чайлда Хассама, и модернистов — Макса Вебера, Марсдена Хартли, Джорджии О'Киффи, Чарльза Шилера, Стюарта Дейвиса. Широко представлена также американская скульптура, акварели и пастели.

Отдел современного искусства демонстрирует работы крупнейших художников второй половины XX столетия: Луизы Буржуа, Джозефа Корнела, Виллема де Кунинга, Эда Рейнхардта, Дэвида Смита и других современных мастеров.

НЬЮ-ЙОРК
Музей Гуггенхайма

Музей Гуггенхайма в Нью-Йорке является одним из крупнейших хранилищ абстрактного искусства. Он был создан видным американским промышленником и коллекционером Соломоном Робертом Гуггенхеймом. В 1937 году был основан Фонд Гуггенхейма «для развития и поддержки искусства и художественного образования», а в 1943 году по проекту блестящего архитектора Фрэнка Ллойда Райта началось строительство здания музея. Оно выполнено в форме перевернутой пирамидальной башни и является выдающимся памятником архитектуры XX века. Музей был открыт для публики в 1959 году. Интересной особенностью музейного дизайна является то, что экспозиция начинается на верхнем этаже, куда посетителям предлагается подняться на лифте.
Собрание музея состоит из шести крупных коллекций, отражающих художественные пристрастия их собирателей. Это прекрасная коллекция абстрактного искусства, принадлежавшая Соломону Роберту Гуггенхейму; собрание его внучки Пегги Гуггенхейм, представляющее картины и скульпту-

Мондриан П.
Композиция №7. 1913

Пикассо П.
Гладильщица. 1904

Делоне Р.
Симультанное окно. 1912

Руссо А.
Игра в мяч. 1908

Мане Э.
Перед зеркалом. 1876

Ренуар О.
Дама с попугаем. 1871

Дюбюффе Ж.
Композиция

Миро Х.
Вспаханное поле. 1923-1924

Ван Гог В.
Горы с Сен-Реми. 1889

Кандинский В.
Голубая гора. 1908-1909

Раушенберг Р.
Без названия. 1963

ры сюрреалистов и абстракционистов; коллекция работ импрессионистов, постимпрессионистов и ранних модернистов Джастина Тэнхаузера; полотна немецких экспрессионистов, принадлежавшие Карлу Нирендорфу; коллекция авангардных скульптур и рисунков Кэтрин Дрейер; обширное собрание минимализма, постминимализма и концептуального искусства, поступившее от Джузеппе Панца ди Бьюмо. Залы музея украшают шедевры современного искусства, среди которых «Перед зеркалом» Эдуарда Мане, «В гостиной» Анри де Тулуз-Лотрека, «Одинаковые окна» Робера Делоне, «Голубая гора» Василия Кандинского, «Тюлень» Константина Бранкузи, «Вспаханное поле» Хуана Миро, «Композиция 2» Пита Мондриана. Жемчужиной собрания является работа Пабло Пикассо «Гладильщица» — одна из выдающихся картин «голубого» периода творчества прославленного художника.

НЬЮ-ЙОРК
Музей Метрополитен

Музей Метрополитен обладает крупнейшим собранием искусства в США. Он был основан в 1870 году на базе частных коллекций. В 1880 году под руководством архитекторов Колвера Во и Рея Маулда для музея было построено новое здание в Центральном парке. Оно и сейчас вмещает в себя часть собрания музея, однако, скрыто от глаз многочисленными пристройками.

В настоящее время музей хранит около трех миллионов экспонатов разных эпох и культур. Собрание искусства ислама считается крупнейшим в мире. Прекрасно представлено искусство Древней Греции и Рима, Юго-Восточной Азии, Африки, Океании, Австралии и доколумбовской Америки. Египетская коллекция уступает по величине только собранию Египетского музея в Каире. Ее ук-

Гоген П.
Аве Мария. 1891

Рембрандт.
Автопортрет. Ок. 1660

Эль Греко.
Вид Толедо. 1604-1614

Роден О.
Поцелуй

Жером Ж.-Л.
Пигмалион и Галатея. Ок. 1890

Моне К.
Скалы в Этрета. 1883

Кабанель А. Рождение Венеры. 1863

Эль Греко.
Портрет кардинала Фернандо Ниньо де Гевара. 1600

рашают прекрасные произведения древности — «Статуя Сенби», «Саркофаг Хнумнахта», «Мастаба Пернеба», скульптура Хатшепсут, скульптурные портреты фараонов 12-й династии и многие другие предметы. Также богат экспонатами отдел средневекового искусства, включающий в себя серебряные и золотые изделия, слоновую кость, эмали, скульптуру, текстиль, фрагменты фресок, а также архитектурные фрагменты и интерьеры.

Музей хранит крупнейшую в мире коллекцию американского искусства. В нее входят работы наиболее значительных живописцев США — Джона Синглтона Копли, Джона Сингера Сарджента, Джеймса Уистлера, Мэри Кэссет, Джорджа Калеба Бингема, Уинслоу Хомера, Томаса Икинса и других известных художников.

Отдел современного искусства уступает по богатству исчерпывающим коллекциям двух других Нью-Йоркских музеев — Гуггенхейма и Современного искусства. Тем не менее, его украшают важнейшие произведения Пабло Пикассо, Амедео Модильяни, Пьера Боннара, Макса Вебера, Стюарта Дейвиса, Эдуарда Хоппера, Гранта Вуда, Томаса Харта Бентона, Джексона Поллока.

Гордостью музея является картинная галерея европейской живописи, насчитывающая более 3000 полотен крупнейших художников XIV-XIX веков. Среди многочисленных шедевров, представленных в экспозиции — «Поклонение волхвов» Джотто, «Благовещение» Сандро Боттичелли, «Явление Христа Богоматери» Рогира Ван дер Вейдена, «Жатва» Питера Брейгеля Старшего, «Венера и Адонис» Питера Пауля Рубенса, «Вид Толедо» Эль Греко, «Портрет Хуана Парехи» Диего Веласкеса, «Похищение сабинянок» Никола Пуссена, «Женщина с попугаем» Гюстава Курбе, «Портрет Гертруды Стайн» Пабло Пикассо. К жемчужинам коллекции относятся более 20 работ Рембрандта, среди которых «Дама с веером», «Знатный славянин», «Портрет Флориса Соопа», а также четыре полотна Яна Вермеера — «Дама с лютней», «Аллегория веры», «Спящая девушка» и «Молодая женщина с кувшином».

Кэссет М.
Чашка чая (Портрет Лидии). 1879

Статуэтка Будды

НЬЮ-ЙОРК
Музей современного искусства

Музей Современного искусства хранит одну из лучших в мире художественных коллекций, включающих произведения с конца XIX века до настоящего времени. Музей был основан в 1929 году на основе даров Лили П. Блисс, госпожи Салливан (супруги крупного коллекционера) и госпожи Рокфеллер (дочери известного магната). Современное здание на 53-й улице было построено в 1939 году по проекту архитекторов Филиппа Гудвина и Эдварда Стоуна.

Музей размещает в своих стенах не только живопись, скульптуру и графику, но и коллекцию фотографии, фильмов, а также архив и библиотеку. Также музей ведет активную выставочную деятельность. В постоянной экспозиции размещено более 3500 картин разных направлений. постимпрессионизм представлен работами Поля Сезанна и Пьера Боннара; из экспрессионистов стоит выделить картины Эдварда Мунка и Людвига Кирхнера; символизм проиллюст-

Пикассо П. Дома на холме Хорта де Эбиро. 1909

Шагал М. Я и деревня. 1911

Кало Ф. Автопортрет с обрезанными волосами. 1940

Ван Гог В. Звездная ночь. 1889

Магритт Р.
Фальшивое зеркало

рирован творчеством Одилона Редона. В искусстве XX века обращают на себя внимание кубистские работы Пабло Пикассо, Жоржа Брака, Хуана Гриса, Фернана Леже, произвеления дадаистов — Марселя Дюшана и Курта Швиттерса, а также представителей неопластицизма — Пита Мондриана и Эла Лисицкого. Сюрреализм широко представлен полотна Джорджо де Кирико, Хуана Миро, Сальвадора Дали и других художников. Из искусства второй половины XX века выделяются работы представителей абстрактного экспрессионизма, таких как Джексон Поллок, Филипп Гастон, Виллем де Кунинг, Франц Клайн, Марк Ротко, Фрэнк Стелла. Поп-арт представлен картинами Роберта Раушенберга и Класа Ольденбурга.

Малевич К.
Белое на белом. 1918

Руссо А.
Спящая цыганка. 1897

Пикассо П.
Авиньонские женщины. 1907

НЬЮ-ЙОРК
Собрание Фрика

Собрание Фрика входит в число прекраснейших маленьких музеев мира. Владелец художественной коллекции Генри Клей Фрик, сделавший состояние на продаже стали и угля, перед смертью передал государству свой особняк с коллекцией произведений искусства и значительную денежную сумму для создания музея. В 1935 году музей был открыт для публики. Его здание, построенное в 1913-1914 годах по проекту архитектора Томаса Гастингса, располагается рядом с центральным парком в Манхэттене.

Коллекция музея представляет европейскую живопись, скульптуру и декоративно-прикладное искусство XIV-XIX веков. Здесь можно увидеть полотна известнейших живописцев всех крупных европейских школ: Томаса Гейнсборо, Джона Констебла, Уильяма Тернера, Франсуа Буше, Камиля Коро, Эль Греко, Франсиско де Гойи, Диего Веласкеса, Альберта Кейпа, Франса Халса, Якоба Ван Рейсдала, Яна Ван Эйка, Антониса Ван Дейка, Тициана, Аньоло Бронзино, Джентиле Беллини. В экспозиции представлены шедевры мирового искусства — полотна «Успехи любви» Жана Оноре Фрагонара, «Иоанн Евангелист» Пьеро делла Франчески, «Портрет Томаса Мора» Ганса Гольбейна Младшего, «Святой Франциск» Джованни Беллини, «Польский всадник» Рембрандта, а также три картины Яна Вермеера — «Женщина со служанкой, держащей письмо», «Офицер и смеющаяся девушка» и «Урок музыки».

Гольбейн Младший Г.
Портрет Томаса Мора. 1527

Мемлинг Г.
Мужской портрет. 1470-1475

Тициан.
Портрет мужчины в красном берете.
Ок. 1516

Рембрандт.
Портрет амстердамского купца
Николаса Рютца. 1631

Вермеер Я.
Прерванный урок музыки. 1660-1661

Вермеер Я.
Офицер и смеющаяся девушка.
1655-1660

Скульптурное собрание в основном состоит из произведений мастеров итальянского Ренессанса: Веккьетты, Франческо Лаураны, Иль Риччо, Антонио Поллайоло. Также стоит отметить небольшую, но исключительно прекрасную коллекцию рисунка, содержащую в себе работы Пизанелло, Альбрехта Альтдорфера, Питера Пауля Рубенса, Рембрандта, Томаса Гейнсборо, Франсиско де Гойи, Доминика Энгра, Камиля Коро и других.

НЬЮ-ХЕВЕН
Художественная галерея Йельского университета

Художественная галерея Йельского университета, расположенного в Нью-Хевене, является старейшим университетским музеем США, основанным еще в 1832 году. Начало коллекции положили сто полотен американских художников эпохи войны за Независимость, пожертвованных художником Джоном Трумбуллом. Главное здание галереи, построенное в 1952 году, явилось одной из первых работ архитектора Луиса Кана, выпускника университета.

Сегодня в музее собрано более 185 000 экспонатов, иллюстрирующих многовековую историю мирового искусства с древних времен и до наших дней. Крупная коллекция искусства Древнего мира включает в себя картины, скульптуру, керамику, изделия из стекла и бронзы, мозаики, предметы быта из стран Ближнего Востока, Египта, Греции, Этрурии и Рима. Исчерпывающее американское собрание знакомит посетителей с живописью и скульптурой крупнейших художников США за последние 200 лет: в нем представлены работы Джона Синглтона Копли, Фредерика Черча, Томаса Икинса, Фредерика Ремингтона, Уинслоу Хомера, Джорджа Беллоуза, Джона Сингера Сарджента, Эдварда Хоппера, Александра Колдера и других.

В музее широко представлены картины западноевропейских живописцев. Здесь можно увидеть полотна всемирно известных старых мастеров — Антонио Поллайоло, Понтормо, Иеронимуса Босха, Ганса Гольбейна Младшего, Франса Халса, Питера Пауля Рубенса, Антониса Ван Дейка. Французская живопись XIX века представлена полотнами Эжена Делакруа, Камиля Коро, Жана-Франсуа Милле, Жана Леона Жерома, Поля Сезанна. Среди художников XX столетия, чьи работы украшают собрание, особого вниания заслуживают работы Константина Бранкузи, Пабло Пикассо, Марселя Дюшана, Макса Эрнста, Василия Кандинского, Фернана Леже, Пита Мондриана. Подлинной жемчужиной коллекции является знаменитая картина Винсента Ван Гога «Ночное кафе».

Босх И.
Аллегория Жажды и Ненасытности

Нери ди Бичи.
Сцена из легенды
св. Николая Барийского. Ок. 1460

Ван Гог В.
Ночное кафе. 1888

Хоппер Э.
Западный мотель. 1957

Рубенс П. П. Геро и Леандр. 1604-1606

ОКСФОРД
Музей Ашмола

Оксфордский музей Ашмола считается одним из первых публичных музеев. Он возник на основе коллекции редкостей путешественника Джона Трейдсканта, которую тот в 1659 году передал антиквару Элиасу Ашмолу. В 1675 году коллекция была подарена Оксфордскому Университету. Первое здание музея было возведено уже в 1683 году по проекту прославленного архитектора сэра Кристофера Рена. Современное здание музея Ашмола, построенное в 1845 году архитектором Чарлзом Кокереллом, располагается на улице Бомон.

Собрание музея охватывает предметы искусства различных культур и эпох. Здесь представлено множество экспонатов древних цивилизаций: греческая и минойская глиняная посуда, найденная при раскопках под руководством Артура Эванса, знаменитый Паросский мрамор и другие редкости.

Фаюмский портрет

Палмер С.
Автопортрет. 1825

Кембриджское тондо
(Античная расписная тарелка)

Коллинз Ч. О.
Мысли монахини. 1851

Рафаэль.
Рисунок к «Оплакиванию Христа»

Россетти Д. Г. Первая годовщина смерти Беатриче. 1854

Чекко да Караваджо.
Флейтист. 1615-1620

Биго Т.
Врач, изучающий анализ

Джорджоне.
Мадонна с младенцем

Гварди Ф.
Ночная процессия на площади Сан Марко. 1758

Интересна коллекция более чем из 30 000 монет и медалей из древней Греции, Рима, Византии, средневековой Европы, исламских стран, Индии и Китая.
Отдел Западноевропейского искусства включает в себя живопись, скульптуру, рисунки, гравюры и прикладное искусство со времен Средневековья до наших дней. Лучше всего представлена живопись эпохи Возрождения, голландское и фламандское искусство XVII столетия, картины прерафаэлитов. Также музей хранит выдающееся собрание рисунков, состоящее из работ старых мастеров, в том числе Альбрехта Дюрера, Леонардо да Винчи, Рафаэля и Микеланджело Буонарротти, а также английских художников — Уильяма Тернера, Сэмюэла Палмера, Джона Рескина, Эдварда Берн-Джонса. Обращает на себя внимание прекрасная коллекция рисунков Камиля Писсарро.

ОТТАВА
Национальная галерея Канады

Национальная галерея Канады — крупнейший художественный национальный музей своей страны — была основана в 1880 году указом президента. С 1988 года она располагается в своем современном здании на Парламентском Холме.

Собрание галереи включает в себя живопись, скульптуру, рисунки и фотографии. Его ядро составляют произведения канадских художников — Эмили Карр, Антуана Пламондона, Корнелиуса Кригхофа и многих других мастеров. Широко представлено творчество Тома Томсона и художников, входивших в так называемую «Группу семи» — Александра Янга Джексона, Лорена Харриса, Дж. Э. Макдоналда, Артура Лизмера.

Произведения американского и европейского искусства выстроены по хронологическому принципу. Экспозицию открывают полотна мастеров Возрождения, среди которых можно встретить шедевры Симоне Мартини, Пьеро ди Козимо, Лукаса Кранаха Старшего, Ганса Бальдунга, Аньоло Бронзино. Галереи XVII века украшают скульптуры Лоренцо Бернини, полотна Бартоломе Эстебана Мурильо, Никола Пуссена, Питера Пауля Рубенса, Рембрандта, Мейндерта Хоббемы, Саломона Ван Рейсдала и Яна Бота. Живопись XVIII века представлена работами Каналетто, Бернардо Беллотто, Франческо Гварди, Джузеппе Марии Креспи, Жана Батиста Симеона Шардена. Особенно богата на шедевры коллекция художников XIX столетия, демонстрирующая картины «Женщина с зонтиком» Эдгара Дега, «Полевые работы в Эраньи» Камиля Писсарро, «Мост Ватерлоо. Солнце в тумане» Клода Моне, «Лес» Поля Сезанна, «Ирисы» Винсента Ван Гога. Из художников XX века, творчество которых можно найти в галерее, выделяются такие имена как Луиза Буржуа, Энди Уорхолл, Густав Климт, Пабло Пикассо, Марк Шагал, Анри Матисс.

Кэссет М.
Письмо. 1890-1891

Климт Г.
Надежда I. 1903

Моне К. Мост Ватерлоо.
Эффект солнца в тумане. 1903

Уэст Б.
Смерть генерала Вольфа. 1771

Ренуар О.
Клод и Рене. 1903

ОТТЕРЛО
Музей Крёллер-Мюллер

Музей Крёллер-Мюллер принадлежит к числу самых интересных музеев Нидерландов. Он назван в честь Хелены Крёллер-Мюллер, известной ценительницы искусства, которая одной из первых признала гений Винсента Ван Гога и стала собирать его работы. В 1935 году Крёллер-Мюллер передала свое собрание государству. На базе этого собрания был создан музей, который открылся в 1938 году в здании, выполненном по проекту художника и архитектора Генри Ван де Вельде.

Собрание музея состоит в основном из произведений XIX и XX столетий. Оно включает в себя работы Пита Мондриана, Барта Ван дер Лека, Жоржа Сера, Пабло Пикассо и других известных художников. Гордостью музея является коллекция работ Винсента Ван Гога, уступающая по величине только собранию музея Ван Гога в Амстердаме. Интересен сад скульптур, открытый в 1961 году и демонстрирующий работы Огюста Родена, Генри Мура и других мастеров.

*Ван Гог В.
Почтальон Рулен. 1888*

*Ван Гог В.
Кипарисы на фоне звездного неба. 1890*

*Ренуар О.
В кафе. 1874-1875*

*Ренуар О.
Клоун. 1868*

*Ван Гог В.
Сеятель. 1888*

Сера Ж. Воскресный день в Пор-ан-Бессен. 1888

ПАРИЖ
ЛУВР

Парижский Лувр — один из крупнейших и известнейших музеев мира. Он был открыт 10 августа 1793 года, во время Великой французской революции, в бывшем королевском дворце. В 1989 году к зданию музея была добавлена стеклянная пирамида, разработанная американским архитектором Йох Минг Пи и вызвавшая массу споров среди ценителей искусства. Пирамида была установлена во дворе Наполеона, во время правления которого европейцам была открыта древнеегипетская цивилизация.

Лувр демонстрирует более 400 000 экспонатов, и это лишь малая часть хранящихся в музее сокровищ. Экспозиция насчитывает семь разделов, в которых выставлены живопись, скульптура, графика, прикладное искусство, искусство Древнего Египта, античное искусство и искусство Востока. Собрание египетского раздела — одно из крупнейших в мире. Оно начало создаваться известнейшим египтологом Франсуа Шампольоном, расшифровавшим древнеегипетскую письменность. Здесь можно увидеть скульптуру, рельефы, саркофаги, папирусы, украшения, портреты и многие другие ценности.

Ника Самофракийская. 240-190 гг. до н.э.

Братья Лимбург. Октябрь. Из «Часослова герцога Беррийского». 1414-1416

Фуке Ж. Портрет Карла VII. Ок. 1444

Венера Милосская. 130-120 гг. до н.э.

Делакруа Э. Свобода, ведущая народ. 1830

Леонардо да Винчи.
Портрет Моны Лизы (Джоконда). 1503-1505

Рембрандт.
Автопортрет. 1639

Статуэтка писца Каи из Саккара. III тыс. до н. э.

В разделе античного искусства представлены памятники, начиная с эгинской эпохи (3-2 тысячелетие до н. э.) и заканчивая эпохой эллинизма. Жемчужинами этого отдела, как и всего мирового искусства, являются известнейшие скульптуры «Венера Милосская» и «Ника Самофракийская».

Собрание живописи принадлежит к числу прекраснейших в мире и представляет творчество художников от эпохи средневековья до середины XIX века. В большинстве своем оно состоит из работ величайших французских мастеров — Жана Фуке, Франсуа Клуэ, Никола Пуссена, Клода Лоррена, Шарля Лебрена, Пьера Миньяра, Жана Антуана Ватто, Жана Оноре Фрагонара, Жана Батиста Симеона Шардена, Жака Луи Давида, Доминика Энгра, Эжена Делакруа, Теодора Жерико. Важное место занимает крупнейшая за пределами Италии коллекция итальянской живописи. Ее гордость — 5 работ Леонардо да Винчи, в том числе прославленная «Джоконда» — самое ценное сокровище Лувра. В коллекции живописи других европейских школ также немало шедевров, среди которых выделяются полотна Рембрандта, Питера Пауля Рубенса, Альбрехта Дюрера, Диего Веласкеса, Франсиско де Гойи.

Крупный отдел скульптуры демонстрирует работы Бенвенуто Челлини, Жана Гужона, Жермена Пилона, Антуана Куазво, Франсуа Жирардона, Гийома I Кусту, Жана Батиста Пигаля, Этьенна Мориса Фальконе, Антонио Кановы и других ваятелей. Жемчужины скульптурного собрания — две статуи рабов работы Микеланджело Буонарроти, стоящие в ряду лучших творений великого мастера.

Интересен отдел прикладного искусства, в котором выставлена прекрасная мебель Шарля Лебрена и Шарля Буля, изящная итальянская майолика, замечательные коллекции табакерок, ювелирных изделий и множество других экспонатов.

ПАРИЖ
Музей Д'Орсэ

Парижский Музей д'Орсэ можно назвать одним из самых молодых художественных музеев. Он был открыт в 1986 году в здании бывшего Орлеанского вокзала, недалеко от Лувра. Музей был создан на основе собрания Музея импрессионизма, нескольких залов Лувра, а также полотен, хранившихся до этого в фондах.

Музей демонстирует одно из прекраснейших собраний искусства второй половины XIX — начала XX столетий, насчитывающее более 4000 произведений. Здесь представлены полотна Доминика Энгра, Эжена Делакруа, Александра Кабанеля, Пьера Пюви де Шаванна, Гюстава Моро, Камиля Коро, Гюстава Курбе, Джеймса Тиссо, Анри Фантен-Латура. Коллекция работ импрессионистов не знает

Ренуар О.
Женщина под вуалью. 1875

Дега Э.
Любители абсента. 1876

Мане Э.
Завтрак на траве. 1863

Дега Э.
На фондовой бирже. 1879

Гоген П.
Уборка сена в Бретани. 1888

Ван Гог В.
Звездная ночь на Роне. 1888

Мане Э. Олимпия. 1865

Ван Гог В.
Портрет доктора Гаше. 1890

Ренуар О.
Габриель с розой. 1911

Домье О.
Граф д'Аргу, министр и пэр Франции. 1832

себе равных в мире и включает в себя такие шедевры как «Завтрак на траве» и «Олимпия» Эдуарда Мане, «Звезда» и «Гладильщица» Эдгара Дега, «Бал в Мулен де ла Галетт» и «Деревенский танец» Пьера-Огюста Ренуара, «Впечатление. Восход солнца», пять композиций из серии «Руанский собор» и «Маки» Клода Моне, «Наводнение в Пор-Марли» Альфреда Сислея, «Девушка с прутом» Камиля Писсарро, и многие другие выдающиеся произведения. С исчерпывающей полнотой представлено творчество постимпрессионистов — Винсента Ван Гога, Поля Сезанна, Поля Гогена, Анри де Тулуз-Лотрека. В музее выставлены работы художников, входивших в группу «Наби» - Пьера Боннара, Эдуарда Вюйяра и Керра Ксавье Русселя, а также фовистов и живописцев Понт-Авенской школы.

Музей представляет богатую скульптурную коллекцию. В ней, среди прочих, можно увидеть работы таких выдающихся французских скульпторов, как Франсуа Рюд, Жан-Батист Карпо, Оноре Домье, Огюст Роден, Эмиль Антуан Бурдель и Аристид Майоль.

Собрание декоративно-прикладного искусства представлено мебелью, вазами и украшениями в стиле ар-нуво, а также другими интересными предметами.

ПАСАДЕНА
Музей Нортона Саймона

Музей Нортона Саймона обладает одной из крупнейших художественных коллекций на западе США. Его история начинается с 1922 года — времени основания Института искусств Пасадены. Коллекция музея большей частью состоит из экспонатов, пожертвованных промышленником Нортоном Саймоном в 1975 году. Она располагается в здании, возведенном в 1969 году по проекту архитекторов Ладда и Келси.

Музей располагает коллекциями европейской и американской живописи, скульптуры графики, фотографии и гобеленов, а также собранием скульптуры из Южной Азии: ряд скульптур является украшением прекрасного парка.

Гордость музея — отдел западноевропейской живописи. Замечательная коллекция картин итальянского и северного Возрождения включает в себя работы выдающихся мастеров: Якопо Бассано, Джованни Беллини, Дирка Боутса, Лукаса Кранаха Старшего, Джованни ди Паоло, Яна Массейса, Ганса Мемлинга, Пальма Веккьо. Жемчужина галерей Возрождения — ве-

Рафаэль.
Мадонна с младенцем и книгой. 1503-1504

Гоген П.
Таитянская женщина с мальчиком. 1899

Рубенс П. П.
Давид, поражающий Голиафа. Ок. 1616

Сезанн П.
Тюльпаны в вазе.1890-1892

Марк Ф. Купальщицы. 1910

Буше Ф.
Вертумн и Помона. 1740-1745

Дега Э.
После купания. 1890-1893

Сурбаран Ф.
Св. Франциск за молитвой. 1638-1639

Курбе Г.
Морской пейзаж. 1865-1866

ликолепная «Мадонна с младенцем» Рафаэля. Не менее богато представлена живопись XVII-XIX веков, в том числе работы Каналетто, Бартоломе Эстебана Мурильо, Никола Пуссена, Рембрандта, Гвидо Рени, Питера Пауля Рубенса, Яна Стена, Франсиско де Сурбарана, Камиля Коро, Гюстава Курбе, Поля Сезанна, Эдгара Дега, Поля Гогена, Винсента Ван Гога, Эдуарда Мане, Клода Моне, Камиля Писсарро и других известных живописцев. Также музей славится богатым собранием современного искусства.

Интересная коллекция гравюр и рисунков демонстрирует работы Рембрандта, Франсиско де Гойи, Пабло Пикассо, а также художников, входивших в группу «Синий всадник» — Пауля Клее, Василия Кандинского, Лайонела Фейнинджера.

ПЕРУДЖА
Национальная галерея Умбрии

Национальная галерея Умбрии входит в число крупнейших художественных музеев Италии. Ее происхождение связано с Академией дель Дизеньо, основанной в 1573 году. Коллекция искусства, собранная Академией в образовательных целях, легла в основу Национальной галереи Умбрии, возникшей в 1863 году. Музей располагается на третьем этаже старинного Палаццо Деи Приори, построенного в XIII столетии и претерпевшего многочисленные достройки и реконструкции.

Большую часть экспозиции галереи занимают картины мастеров центральной Италии. Особенно полно представлено творчество художников умбрийской школы XIII-XVIII веков, в том числе работы таких мастеров как Пьеро делла Франческа и Пинтуриккьо. Среди живописцев других школ выделяются Дуччо ди Буонинсенья, Джентиле да Фабриано, Фра Анджелико, Пьетро Перуджино, Орацио Джентилески, Пьетро да Кортона, Джузеппе Чезари.

Пьеро делла Франческа. Полиптих

Фра Анжелико. Мадонна с младенцем

Бонфильи Б. Благовещение. 1455-1460

Пинтуриккио. Алтарь Санта Мария деи Фосси (фрагмент). 1496-1498

Перуджино П. Поклонение пастухов

Арнольфо ди Камбио. Фрагмент надгробия. 1281

В музее выставлены прекрасные образцы скульптуры, в том числе произведения родоначальников итальянской скульптуры — Никколо и Джованни Пизано.

Интересна собранная музеем коллекция декоративно-прикладного искусства, включающая в себя керамические изделия, гобелены, золото и церковную утварь.

ПОРТ-САНЛАЙТ
Галерея леди Левер

Галерея леди Левер, расположенная в местечке Порт-Санлайт, является одним из интереснейших музеев Великобритании. Ее основал магнат Уильям Хескет Левер на основе своего собрания. Музей был открыт в 1922 году и посвящен памяти жены коллекционера. Собрание музея богато произведениями живописи, в основном работами английских мастеров XVIII-XIX веков. Галерея знаменита полотнами художников Викторианской и Эдвардианской эпох, а также картинами прерафаэлитов. Наиболее полно представлено творчество популярнейших английских живописцев своего времени — Фредерика Лейтона и Лоренса Альма-Тадемы.

Музей демонстрирует крупную коллекцию прикладного искусства. Здесь можно увидеть английскую мебель XVI-XIX столетий, в основном прекрасные комоды и кабинеты эпохи классицизма, выполненные в стиле маркетри. Гордость музея — крупнейшая в мире коллекция посуды известнейшего мастера Джозайи Уэджвуда. Особенно ценны его изделия из яшмы. Также в галерее представлены крупные коллекции гобеленов и китайского фарфора.

В музее выставлены образцы скульптуры, в том числе произведения Джона Флаксмана, выдающегося представителя неоклассицизма, а также мастеров «новой скульптуры».

Тернер У.
Кораблекрушение. 1824

Россетти Д. Г.
Sybilla Palmifera. 1866-1870

Бронзино А.
Портрет Элеоноры Толедской. 1545

Аттический краснофигурный кратер. Ок. 500-475 гг. до н. э.

Феррари М.
Леда и Лебедь. 1898-1900

Хьюз А. Урок музыки. 1864

ПРАГА
Национальная галерея

Пражская национальная галерея — крупнейший художественный музей Чехии. Он был создан в 1949 году на основе коллекции Общества друзей-патриотов искусства. Постоянная экспозиция музея занимает семь зданий, каждое из которых можно назвать достопримечательностью города. Кроме того, в Вальдштейнском манеже и Манеже Старого града проводятся выставки.

Главное здание галереи — Штернбергский дворец — представляет искусство со времен античности до эпохи позднего барокко. Здесь можно увидеть иконы, а также великолепное собрание работ старых мастеров, в том числе Ганса Гольбейна Младшего, Альбрехта Дюрера, Питера Брейгеля Старшего, Рембрандта, Франса Халса, Питера Пауля Рубенса, Антониса Ван Дейка, Эль Греко, Джованни Баттисты Тьеполо, Франсиско де Гойи. Жемчужина музея — грандиозная фреска Франческо Солимены «Фаэтон просит разрешения Аполлона прокатиться на солнечной колеснице», недавно открытая публике после реставрации.

Во Дворце ярмарок расположена

Шиле Э.
Сидящая женщина. 1917

Мастер Теодорих.
Св. Иероним. 1360-1365

Эль Греко.
Христос. 1595-1597

Ренуар О.
Влюбленные. 1875

Брейгель Старший П.
Уборка сена. 1565

Коринт Л. Одиссей борется с нищим. 1903

Тулуз-Лотрек А. де.
В Мулен Руж. Танцующая пара. 1892

Дюрер А. Праздник четок. 1506

Сезанн П. Дом и ферма в Жа де Буффан. 1889-1890

Ван Гог В. Поле с кипарисами. 1889

экспозиция искусства XIX и XX веков. Залы музея украшают работы Поля Сезанна, Клода Моне, Эдуарда Мане, Поля Гогена, Винсента Ван Гога, Анри Матисса, Пабло Пикассо, Густава Климта, Марка Шагала.

В состав Национальной галереи также входят Монастырь Святого Георгия, экспонирующий чешский маньеризм и барокко, Монастырь Святой Анежки Чешской, представляющий искусство Чехии и Средней Европы эпохи Средневековья, Замок Збраслав, демонстрирующий собрание искусства Востока, Дворец Кинских, в котором выставлена коллекция пейзажа и Дом у Черной Богоматери, размещающий Музей кубизма.

РИМ
Галерея Боргезе

Галерея Боргезе обладает одной из крупнейших художественных коллекций Италии. Ее возникновение связано с именем Сципиона Боргезе, представителя влиятельного и богатого рода, который в начале XVII века собрал внушительную коллекцию художественных произведений. Собрание, преумноженное потомками Боргезе, было ткрыто для публики в 1902 году. Музей располагается в вилле Боргезе, окруженной прекрасным парком. Это здание было построено в 1613-1615 годах по проекту архитектора Вазанцио.

В настоящее время в галерее демонстрируются около 560 полотен, большинство из которых выполнено итальянскими живописцами. Экспозицию открывает творчество мастеров Раннего Возрождения — Пьеро ди Козимо, Перуджино, Лоренцо ди Креди, Сандро Боттичелли. Живопись Высокого Возрождения представлена важнейшими работами Рафаэля, Корреджо, Джованни Беллини, Джорджоне, Паоло Веронезе. Обращает на себя внимание одна из выдающихся работ Тициана «Любовь земная и Любовь небесная». Сципион Боргезе был поклонником творчества Микеланджело да Караваджо, поэтому в галерее представлено множество работ этого мастера, в том числе «Мадонна деи Палафреньери», «Больной Вакх», «Мальчик с корзиной фруктов», «Мадонна Стремянных», «Давид с головой Голиафа».

В галерее выставлены замечательные образцы скульптуры. Здесь можно увидеть одну из прекраснейших коллекций работ Лоренцо Бернини, среди которых «Давид», «Аполлон и Дафна», «Похищение Прозерпины», а также два бюста Сципиона Боргезе. Заслуживают внимания и скульптуры Антонио Кановы, наиболее известная из которых — «Венера-победительница», изображающая сестру Наполеона Бонапарта Полину.

Рафаэль. Дама с единорогом. 1505

Альбани Ф. Весна. 1616-1617

Рубенс П. П. Сусанна и старцы

Канова А. Паолина Боргезе в образе Венеры. 1804-1808

РИМ
Галерея Дориа Памфили

Галерея Дориа Памфили принадлежит к числу крупнейших художественных музеев итальянской столицы. Она расположена во дворце на площади Колледжио Романо, некогда принадлежавшем семейству Дориа Памфили. Представители этого знатного рода начали собирать произведения искусства еще в XVI столетии, впоследствии передав свое прекрасное собрание государству.

Гордость музея — великолепная картинная галерея. В ней преобладают работы итальянских художников XVI-XVII столетий, в том числе прославленных мастеров: Рафаэля, Лоренцо Лотто, Тициана, Корреджо, Пармиджанино, Паоло Веронезе, Якопо Тинторетто, Лодовико и Аннибале Карраччи, Гвидо Рени, Гверчино. Особенно ценны важнейшие работы Микеланджело да Караваджо — «Иоанн Креститель», «Отдых на пути в Египет», «Кающаяся Магдалина». Другие западноевропейские школы живописи представлены полотнами Питера Брейгеля Старшего, Клода Лоррена, Гаспара Дюге, Ганса Мемлинга, Хусепе Риберы.

Веласкес Д. Портрет папы Льва Х. 1650

Бордоне П. Венера, Марс и Купидон

Мемлинг Г. Оплакивание Христа

Лоррен К. Пейзаж с танцующими фигурами

Тициан. Саломея с головой Иоанна Крестителя. 1515

В отдельном зале выставлен шедевр Диего Веласкеса — «Портрет папы Иннокентия Х», происходившего из рода Памфили. Здесь же можно увидеть бюст понтифика, выполненный прославленным скульптором Лоренцо Бернини.

Произведения живописи и скульптуры дополнены прекрасными образцами декоративно-прикладного искусства.

Караваджо. Отдых на пути в Египет. 1595

Рафаэль. Двойной портрет

Бассано Я. Земной Рай

РИМ
Музеи Ватикана

Музеи Ватикана — один из самых крупных в мире музейных комплексов, хранящий богатейшие собрания мирового искусства. Он включает в себя Античный музей, Музей этрусского искусства, Египетский музей, Пинакотеку, Галерею гобеленов, Галерею географических карт, Библиотеку, а также несколько исторических апартаментов. Основу музеев составили образцы искусства языческого Рима, унаследованные папством, а также собранные понтификами коллекции, в том числе многочисленные подарки.

Помимо музейных предметов, уникальными произведениями искусства являются сами здания, стены которых украшены росписями лучших итальянских живописцев, таких как Пьетро Перуджино, Лоренцо Лотто, Джованни Содома, Бальдассаре Перуцци. В начале XVI столетия папе Юлию II удалось пригласить работать в Ватикане трех великих мастеров эпохи Возрождения — Донато Браманте, Микеланджело Буонарроти, и Рафаэля. При его понтификате Рафаэль в 1508 году начал роспись станц — комнат в северном крыле Ватиканского дворца, являвшихся папскими апартаментами. При участии Рафаэля были расписаны станцы Инчендио, д'Элиодоро, и делла Сенья-

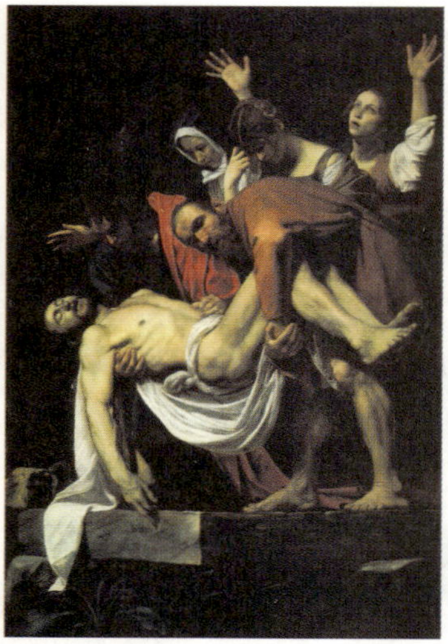

Караваджо. Положение во гроб. 1602-1604

Лаокоон и его сыновья. I в.

Сикстинская капелла. Общий вид

Микеланджело. Страшный Суд. 1537-1541

Нил. Римская копия с эллинистической статуи. I в.

Микеланджело. Роспись потолка Сикстинской капеллы. 1508-1512

Манчини Ф.
Святое семейство с ангелами

Статуя императора Августа. I в.

Микеланджело.
Сотворение Адама(Фрагмент потолка Сикстинской капеллы). 1508-1512

тура. Стены четвертой комнаты в 1517-1524 годах украсили работы учеников великого мастера. Художнику удалось справиться со сложной задачей — прославить и церковь, и заказчика, папу Юлия II. Рафаэль органично объединил разнообразие сюжетов и образов, ввел в библейские сцены портреты своих современников и знаменитых людей прошлого, удачно совместил христианские мотивы с элементами языческой мифологии и создал прекрасные фрески, воплощающие гуманистические идеалы Возрождения.

Сикстинская капелла считается, наряду со станцами Рафаэля, величайшим памятником искусства эпохи Возрождения. Она была построена в начале 80-х годов XV столетия, в понтификат папы Сикста IV, по проекту архитектора Баччо Понтелли. Внутреннее убранство капеллы должно было подчеркивать могущество папы римского, поэтому для росписи церкви были приглашены лучшие художники того времени, украсившие ее величественными фресками. В работе приняли участие Сандро Боттичелли, Пьетро Перуджино, Доменико Гирландайо, Бернардино Пинтуриккьо, Козимо Росселли, расписавшие стены капеллы. Слева от алтаря изображены сцены из Ветхого завета, справа — из жизни Христа. Алтарная стена была первоначально украшена росписью Пьетро Перуджино, место которой впоследствии заняла знаменитая фреска Микеланджело Буонарроти «Страшный суд». В 1508 году Микеланджело начал роспись потолка капеллы площадью более 500 квадратных метров. Художник выполнил эту огромную работу в одиночку всего за четыре года и создал великолепные фрески, сочетающиеся как с архитектурным строением зала, так и с росписями стен.

Богатейшее собрание итальянской живописи, а также некоторые работы иностранных художников хранятся в Ватиканской Пинакотеке. Она располагается в здании, построенном специально для нее в 1932 году архитектором Бельтрами. Пятнадцать залов музея дают практически полное представление об истории итальянской живописи. В Пинакотеке представлены работы Джотто ди Бондоне, Беноццо Гоццоли, Фра Анджелико, Мелоццо да Форли, Карло Кривелли, Пьетро Перуджино, Бернардино Пинтуриккьо, Джованни Беллини, Лодовико и Аннибале Карраччи, Гверчино, Гвидо Рени и других выдающихся живописцев. Творчеству Рафаэля, Леонардо да Винчи и Тициана посвящены отдельные залы. В последнем зале экспонируются портреты. Жемчужинами собрания являются знаменитое полотно Микеланджело да Караваджо «Снятие с креста» и три картины Рафаэля — «Коронование Мадонны», «Мадонна Фолиньо» и «Преображение». Следует отметить, что в Пинакотеке представлены лишь картины на религиозные сюжеты.

РИМ
Музеи Капитолия

Римские Музеи Капитолия хранят одно из лучших собраний искусства итальянской столицы. Они размещены в зданиях великолепного ансамбля Капитолийской площади, спроектированного Микеланджело Буонарроти. История современного музейного комплекса начинается с коллекции папы Сикста IV, подаренной жителям города в 1471 году. Это археологическое собрание стало основой первого в мире публичного музея, расположившегося в Палаццо Нуово. Сегодня музей занимает еще два здания на Капитолийской площади — Палаццо Консерватори, в котором хранятся произведения живописи, и Палаццо Каффарелли, размещающий выставки.

Капитолийские музеи богаты произведениями античности. Здесь можно увидеть знаменитые работы древнегреческих и древнеримских ваятелей: «Спинарио», «Геркулес», «Умирающий галл», «Капитолийская волчица», многочисленные бюсты античных философов и поэтов. Жемчужина античного собрания — прославленная скульптура «Венера Капитолийская».

Голова императора Константина. Бронза.

Капитолийская волчица.

Венера Капитолийская.

Умирающий галл.

Микеланджело. Проект Капитолийского холма (грав. Э. Дюпера). 1568

Гордость музеев — прекрасная коллекция живописи. Сокровищами собрания являются важнейшие полотна крупных мастеров, среди которых «Крещение Христа» Тициана, «Святой Себастьян» Гвидо Рени, «Убийство Петронилы» Гверчино, «Ромул и Рем» Питера Пауля Рубенса. Кроме того, стены церкви Санта-Мария-ин-Арачели, также располагающейся на Капитолийском холме, украшены фресками Бернардино Пинтуриккьо, Беноццо Гоццоли, Пьетро Каваллини.

Стоит отметить богатейшую коллекцию фарфора, подаренную музеям герцогом Чини в 1880 году.

Бернини Л. Медуза

РОТТЕРДАМ
Музей Бойманса-ван-Бенингена

Музей Бойманса-ван-Бенингена, расположенный в Роттердаме, хранит одну из прекраснейших художественных коллекций в Нидерландах. В его названии увековечены имена основателя и мецената. Здание музея было построено в 1935 году по проекту архитектора Ван дер Стера.

Как и в других художественных галереях Голландии, основой экспозиции является коллекция живописи мастеров Северного Возрождения. В музее можно увидеть важнейшие работы выдающихся художников этой эпохи: «Жены-мироносицы» Яна Ван Эйка, «Вавилонская башня» Питера Брейгеля Старшего, «Брак в Кане» и «Святой Христофор, несущий младенца» Иеронимуса Босха, «Титус» Рембрандта. В собрании музея хранятся таке более двадцати эскизов Рубенса.

Музей знакомит посетителей с творчеством известных импрессионистов и модернистов: Клода Моне, Эдгара Дега, Винсента Ван Гога, Кеса ван Донгена, Пита Мондриана, Анри Матисса, Рауля Дюфи, Оскара Кокошки, Эдварда Мунка, Рика Ваутерса, Констана Пермеке и Пабло Пикассо. Современное искусство представлено работами Энди Уорхолла, Класа Ольденбурга, Доналда Джадда, Йозефа Бойса и других художников. Произведения современных скульпторов можно увидеть в парке.

Стен Я.
Деревенская свадьба. 1653

Конинк С.
Старик, взвешивающий золото. 1654

Ван Гог В.
Бульвар с тополями. 1885

Ван Гог В.
Ваза с гладиолусами и гвоздиками. 1886

Моне А.
Домик рыбака в Варенжвилле. 1882

Брейгель Старший П. Вавилонская башня. Ок. 1563

РУАН
Музей изящных искусств

Музей изящных искусств в Руане хранит одно из прекраснейших художественных собраний Франции. Он располагается в центре города в здании, полностью реконструированном в 1994 году. В музее можно полюбоваться коллекциями картин, скульптур, гравюр и археологических находок XV-XX веков.

Собрание музея представляет богатую коллекцию произведений живописи. Экспозицию открывают полотна известных мастеров XVI века — Пьетро Перуджино, Герарда Давида, Франсуа Клуэ, Паоло Веронезе. Обзор мировой живописи продолжают работы прославленных художников эпохи барокко — Диего Веласкеса, Питера Пауля Рубенса, Микеланджело да Караваджо, и рококо — Никола Ланкре, Жана Оноре Фрагонара, Юбера Робера, Франсуа Буше. Искусство XIX века представлено картинами Теодора Жерико, Эжена Делакруа, Теодора Шассерио, Поля Делароша, Камиля Коро, Гюстава Моро, Жана Франсуа Милле. Гордость музея — выдающаяся коллекция импрессионистов, включающая в себя произведения Клода Моне, Альфреда Сислея,

Пуссен Н.
Венера вручает оружие Энею

Гюстава Кайботта, Эдгара Дега. Не уступает ей по богатству собрание живописи XX века — работы Амедео Модильяни, Жака Эмиля Бланша, Марселя Дюшана, Рауля Дюфи и других художников.

Помимо картин в музее можно увидеть прекрасные образцы скульптуры, среди которых выделяются работы Теодора Жерико, Эмиля Антуана Бурделя, Раймона Дюшан-Вийона. Интересная коллекция графики включает в себя произведения Антуана Ватто, Гюстава Моро, Симона Вуэ, Джованни Баттиста Тьеполо, Доминика Энгра, Эдгара Дега и других известных мастеров.

Сислей А.
Берега Сены. Ветреная погода. 1894

Жерико Т.
Нимфа и сатир

Энгр Ж. О. Д.
Портрет мадам Аймон. 1806

Веласкес Д.
Демокрит. 1628-1629

Ренуар О.
Ваза с хризантемами. 1890

Виже-Лебрен Э.
Жозефина Грассини в роли Заиры. 1805

САНКТ-ПЕТЕРБУРГ

Государственный Русский музей

Государственный Русский Музей обладает одной из крупнейших художественных коллекций в России. Он был основан в 1895 году по указу императора Николая II, и открылся через три года в здании Михайловского дворца.

Сегодня собрание музея насчитывает около 400 000 экспонатов, выставленных в отделах русской и советской живописи, скульптуры, графики и декоративно-прикладного искусства. Наибольшую ценность представляет собрание икон и картин, знакомящее посетителей с развитием русской живописи на протяжении последнего тысячелетия. Экспозицию открывают древнерусские иконы, представляющие все главные русские художественные центры: Москву, Новгород, Псков, Ярославль, Тверь. Жемчужина коллекции — икона «Ангел златые власы», великолепное произведение конца XII столетия.

Собрание картин XVIII–первой половины XIX веков является самым обширным. Здесь представлены важнейшие работы всех крупных мастеров этого времени, среди которых «Последний день Пом-

Вакханка. Десертная тарелка с миниатюрой (из Михайловского сервиза). 1819-1822

Брюллов К. Вирсавия. 1832

Федотов П. Сватовство майора. 1848-1849

Кипренский О. Портрет Евграфа Давыдова. 1809

Брюллов К. Итальянский полдень. 1827

Прибор для пунша. 1894-1896

Брюллов К. Последний день Помпеи. 1830-1833

Ангел Златые власы. Икона XII века

Мастерская Дионисия.
Григорий Богослов и Архангел Гавриил. 1502-1503

Малевич К.
Женщины в поле. 1928-1930

пеи» и «Портрет графини Юлии Павловны Самойловой с приемной дочерью Амацилией Паччини» Карла Брюллова, «Явление Христа Марии Магдалине» Александра Иванова, «Сватовство майора» Павла Федотова, «Девятый вал» Ивана Айвазовского, «Девочка с куклой» Василия Тропинина, «Портрет Евграфа Давыдова» Ореста Кипренского, «Портрет Е. Н. Арсеньевой» Владимира Боровиковского.

Крупная коллекция живописи второй половины XIX–начала XX столетий включает в себя работы Виктора Васнецова, Владимира Маковского, Василия Поленова, Исаака Левитана, Василия Верещагина, Василия Перова, Валентина Серова, Бориса Кустодиева, Константина Коровина, а также представителей художественных объединений «Мир искусства», «Бубновый валет» и «Голубая роза». К шедеврам этого периода относятся монументальное полотно «Торжественное заседание Государственного Совета» и прославленная картина «Бурлаки на Волге» кисти Ильи Репина, «Взятие снежного городка», «Покорение Сибири Ермаком», «Степан Разин» Василия Сурикова, «Летящий демон» Михаила Врубеля, «Бабы» Филиппа Малявина.

В музее можно увидеть около 2000 живописных работ советского периода — Василия Кандинского, Марка Шагала, Казимира Малевича, Кузьмы Петрова-Водкина, Александра Дейнеки, Кукрыниксов, Аркадия Пластова, Гелия Коржева, Виктора Попкова.

Обращает на себя внимание крупная коллекция скульптуры, включающая в себя произведения Бартоломео Растрелли, Ивана Мартоса, Федота Шубина, Михаила Козловского, Степана Пименова, Петра Клодта, Сергея Коненкова, Ивана Шадра, Веры Мухиной.

Репин И.
Торжественное заседание Государственного совета. 1903

САНКТ-ПЕТЕРБУРГ
Государственный Эрмитаж

Государственный Эрмитаж, расположенный в Санкт-Петербурге, является одним из крупнейших музеев мира. Он был создан в 1764 году на основе коллекции императрицы Екатерины II и первоначально размещался в павильоне Малый Эрмитаж, который и дал название музею. Сегодня Государственный Эрмитаж занимает пять зданий на берегу Невы в центре Санкт-Петербурга. Самое величественное из них — Зимний дворец, построенный в 1754-1762 годах итальянским архитектором Франческо Бартоломео Растрелли. Этот выдающийся памятник архитектуры барокко до 1917 года являлся резиденцией русских царей.

Музей хранит около трех миллионов экспонатов, начиная с каменного века до XX столетия. В залах, посвященных искусству древних цивилизаций можно найти прекрасную коллекцию скифских и

Леонардо да Винчи. Мадонна с младенцем (Мадонна Литта). 1490-1491

Рембрандт. Портрет ученого. 1631

Рейнолдс Д. Младенец Геркулес, удушающий змей. 1786

Стен Я. Гуляки. 1660

Ван Гог В. Воспоминание о саде в Эттене (Арльские дамы). 1888

Рембрандт. Даная. 1636

Микеланджело.
Скорчившийся мальчик. Ок. 1530-1534

Гоген П.
Женщина, держащая плод. 1893

Рафаэль.
Мадонна с младенцем (Мадонна Конестабиле). 1504

древнегреческих золотых изделий, замечательные собрания греческих амфор, римских мраморных скульптур, крупнейшую в мире коллекцию античных гемм, уникальные египетские папирусы и множество других прекрасных предмтов искусства.

Отдел истории русской культуры демонстрирует древнерусские иконы, живопись и скульптуру XVIII столетия, богатую коллекцию прикладного искусства, включающую в себя изделия из стекла, металла, фарфора, камня. Часть экспонатов отдела расположено в одном из филиалов музея — дворце Меншикова.

Отдел западноевропейского искусства — гордость Эрмитажа. Здесь можно найти около 7000 живописных полотен крупнейших мастеров, в том числе работы итальянцев Леонардо да Винчи, Тициана и Рафаэля, фламандцев Питера Пауля Рубенса и Антониса Ван Дейка, голландцев Герарда Терборха Младшего и Франса Халса, французов Николы Пуссена, Клода Лоррена, Антуана Ватто, Пьера-Огюста Ренуара, Клода Моне и Анри Матисса, испанцев Диего Веласкеса, Бартоломе Эстебана Мурильо и Франсиско де Гойи, британцев Джошуа Рейнолдса, Томаса Гейнсборо и Джона Райта, германцев Альбрехта Дюрера и Каспара Давида Фридриха. Подлинным сокровищем музея является прекрасная коллекция полотен Рембрандта, включающая лучшие работы мастера: «Снятие с креста», «Давид и Ионафан», «Даная», «Флора», «Жертвоприношение Авраама», «Возвращение блудного сына», «Святое семейство».

Государственный Эрмитаж демонстрирует великолепную коллекцию декоративно-прикладного искусства, включающую в себя прекрасные образцы мебели Давида Рентгена и Шарля Буля, керамику Джозайи Веджвуда, знаменитый фарфор Севрской мануфактуры, венецианское стекло, итальянскую майолику и многие другие замечательные экспонаты. Уникален «Рыцарский зал», в котором выставлены рыцарские доспехи и образцы оружия XV-XVIII веков.

САН-ФРАНЦИСКО
Музей изящных искусств

Музеи изящных искусств в Сан-Франциско представляют собой один из интереснейших музейных комплексов США. В его состав входят Мемориал Де Янг в парке Золотой Бухты и Калифрнийский дворец Почетного легиона в Парке Линкольна.

Де Янг является старейшим музеем Сан-Франциско. Его собрание включает в себя коллекции европейского и американского декоративно-прикладного искусства, произведения искусства Африки, Океании и Латинской Америки. Гордость музея — прекрасное собрание американской живописи, насчитывающее более 1000 работ, в том числе полотна Джорджа Калеба Бингема, Фредерика Эдвина Черча, Джорджии О'Киффи, Эдварда Хоппера и Гранта Вуда.

Здание Калифорнийского дворца Почетного легиона было возведено в 1924 году в честь калифорнийских солдат, погибших во время Первой мировой войны. Экспозицию открывают коллекции искусства древних цивилизаций Средиземноморья и Ближнего Востока. Также здесь можно найти более 700 работ европейских живописцев — Фра Анджелико, Эль

Хикс Э.
Мирное царство. 1832

Сера Ж.
Эйфелева башня. 1889

Втевол И.
Поклонение пастухов

Ритуальная маска
(Папуа-Новая Гвинея)

Жером Ж. Л.
В бане

Черч Ф. Э. Дождливый сезон в тропиках. 1866

Берштадт А.
Арка Октавия (Рыбный рынок в Риме). 1858

Маковский К.
Русская невеста. 1889

Виже-Лебрен Э.
Портрет Гиацинт-Габриэль Ролан. 1791

Тернер У.
Замок Кенилворт, Уорвикшир

Греко, Питера Пауля Рубенса, Рембрандта, Антуана Ватто, Томаса Гейнсборо, Клода Моне, Адольфа-Вильяма Бугро, Анри Матисса, Пабло Пикассо и других художников. Интересно собрание декоративно-прикладного искусства, основу которого составляет французская инкрустированная мебель эпохи Барокко и английский фарфор XVIII века.

Гордостью музея считается великолепная коллекция скульптур Огюста Родена, насчитывающая более 70 произведений. Она включает в себя ряд важнейших работ мастера, в том числе его скульптуру «Мыслитель».

Графическое собрание работ считается одним из крупнейших в США — более 70 000 произведений. Оно представляет листы Альбрехта Дюрера, Рембрандта, Поля Гогена, Василия Кандинского, Джорджии О'Киффи и многих других менее известных художников.

СЕНТ-ЛУИС
Художественный музей

Художественный музей в Сент-Луисе обладает одной из прекраснейших коллекций на юге США. Он был основан постановлением правительства в 1907 году. Неоклассическое здание музея, расположенное в Форест-парке, было построено в 1904 году по проекту архитектора Касса Гилберта. Сегодня собрание музея содержит как древние, так и современные экспонаты со всех концов света.

Коллекция американского искусства — одна из самых полных: она состоит из картин и скульптур от колониального периода до наших дней. В основном это работы художников штата Миссури, в том числе Джорджа Калеба Бингема, и представителей знамкенитой пейзажной «Школы реки Гудзон».

Крупная коллекция европейского искусства включает в себя романские и готические скульптуры, работы старых мастеров — Ганса Гольбейна Младшего, Микеланджело Буонарроти, Тициана, Бартоломео Манфреди, Артемизии Джентилески, Элизабет Виже-Лебрен, а также прославленных художников XIX века — Гюстава Курбе, Эдуарда Мане, Поля Сезанна, Клода Моне, Эдгара Дега, Поля Гогена, Винсента Ван Гога.

Гольбейн Младший Г.
Портрет леди Гилфорд. 1527

Дега Э.
Танцовщицы за кулисами. 1900

Фантен-Латур А.
Две сестры. 1859

Сезанн П.
Портрет матери. 1866-1867

В музее можно увидеть прекрасную коллекцию искусства XX столетия, включающую в себя работы Анри Матисса, Пита Мондриана, Пабло Пикассо, Жоржа Брака, Генри Мура, Марка Шагала, Пауля Клее, Амедео Модильяни. В экспозиции также представлены картины немецких экспрессионистов — Эрнста Людвига Кирхнера и Франца Марка, абстрактных экспрессионистов Джексона Поллока и Марка Ротко, представителей поп-арта и минимализма — Чака Клоуза, Доналда Джадда, Эллсуорта Келли, Роя Лихтенстайна, Франка Стеллы, и художников других современных течений. Собрание работ Макса Бекманна, насчитывающее 39 произведений, является крупнейшим в мире.

Моне К. Мост Чарринг Кросс. 1899-1901

СИДНЕЙ
Художественная галерея Нового Южного Уэльса

Художественная галерея Нового Южного Уэльса, располагает одним из крупнейших художественных собраний Австралии. Она открылась в 1874 году и была призвана составить конкуренцию Национальной галерее Виктории в Мельбурне, основанной 13 годами ранее. В условиях конкуренции с Мельбурном за звание столицы страны, богатые жители Сиднея охотно пожертвовали часть своих средств на создание музея. Современное здание галереи, выполненное в неоклассическом стиле, было построено в конце XIX столетия по проекту архитектора Уолтера Вернона.

Основную часть собрания составляют работы австралийских мастеров. XIX век представлен произведениями крупнейших живописцев континента — Артура Стритона, Тома Робертса, Фредерика Маккабина. Также в музее выставлены полотна лучших художников XX столетия: Уильяма Добелла, Сидни Нолана, Рассела Драйсдейла, Артура Бойда, Фредерика Уильямса.

Собрание европейского искусства, несколько уступающее австралийскому, представляет в основном итальянскую и нидерландскую живопись XVI столетия и английское искусство Викторианской эпохи. Стоит отметить небольшую, но выдающуюся по качеству коллекцию работ европейских модернистов.

В музее также можно посмотреть коллекции азиатского искусства, графики и фотографии.

Уотерхаус Дж. У.
Диоген. 1882

Бронзино А.
Герцог Козимо I Медичи в доспехах.
1540-е

Боннар П.
Автопортрет. 1938-1940

Моне К.
Порт-Гульфар, Бель-Иль. 1887

Каналетто.
Венеция. Площадь Сан Марко.
1742-1746

Лейтон Ф. Кимон и Ифигения. 1884

СТРАСБУРГ
Музей изящных искусств

Музей изящных искусств в Страсбурге является одним из самых молодых во Франции. Он был основан 1998 году и, несмотря на свой юный возраст, хранит одну из интереснейших художественных коллекций в стране. Музей располагается во дворце Роган, построенном в 1742 году, по соседству с Музеем декоративного искусства и Музеем археологии. Главной ценностью музея является прекрасное собрание живописи. Особенно полно представлены картины мастеров итальянского Возрождения: Джотто, Сандро Боттичелли, Чимы да Конельяно, Пьеро ди Козимо, Карло Кривелли, Филиппино Липпи, Пальмы Веккьо, Рафаэля. Коллекция фламандской и нидерландской живописи XVII века также включает в себя полотна крупнейших мастеров этой эпохи — Якоба Йорданса, Питера Пауля Рубенса, Антониса Ван Дейка, Алберта Кейпа, Виллема Класа Хеды, Питера де Хоха, Виллема Калфа, Эммануэля де Вите. На фоне этих грандиозных собраний коллекция французской живописи кажется достаточно бедной. Тем не менее, она включает в себя работы знаменитых художников: Симона Вуэ, Филиппа де Шампеня, Жана Батиста Симеона Шардена, Никола де Ларжильера, Теодора Шассерио и Камиля Коро. Стоит также отметить коллекцию работ испанских художников, настоящим украшением которой являются полотна трех выдающихся мастеров — Эль Греко, Хусепе Риберы и Франсиско де Гойи.

Мемлинг Г. Тщеславие. 1485

Мемлинг Г. Ад. 1485

Бугро В. А. Дева Утешительница. 1877

Курбе Г. Гроза в долине. 1849

Ленард Ж. Пять чувств

Коро К. Колокольня церкви Сен-Патерн в Орлеане. 1830

ТОКИО
Национальный музей западного искусства

Токийский Национальный музей западного искусства хранит крупнейшие в Японии коллекции европейской живописи, скульптуры, рисунка и гравюры. Он был основан в 1959 году в новом здании, построенном по проекту знаменитого французского архитектора Ле Корбюзье.

Главная ценность собрания — крупная коллекция живописи. Она включает в себя произведения прославленных старых мастеров, таких как Йос Ван Клеве, Паоло Веронезе, Питер Пауль Рубенс, Якоб Ван Рейсдал, Хусепе Рибера. В новом крыле здания музея выставлены работы живописцев XIX века — Эжена Делакруа, Гюстава Курбе, Эдуарда Мане, Пьера-Огюста Ренуара, Клода Моне, Гюстава Моро, Поля Гогена, Винсента Ван Гога. Также здесь демонстрируются произведения художников XX столетия, в том числе Пабло Пикассо, Хаима Сутина, Хуана Миро, Макса Эрнста, Жана Дюбюффе, Джексона Поллока.

Коллекция рисунков в основном богата работами французских художников XVIII-XIX столетий: Франсуа Буше, Жана Оноре Фрагонара, Эжена Делакруа, Огюста Родена и Поля Сезанна. Собрание гравюры включает в себя работы Альбрехта Дюрера, Ганса Гольбейна Младшего, Рембрандта, Жака Калло, Джованни Баттиста Пиранези, Франсиско де Гойи, Макса Клингера.

Также Национальный музей западного искусства демонстрирует 58 скульптур Огюста Родена, среди которых версии знаменитых «Врат ада», а также работы его знаменитых современников — Жана Батиста Карпо, Эмиля Антуана Бурделя, Аристида Майоля.

Гоген П.
Бретонские девочки на берегу. 1889

Сутин Х.
Сумасшедшая. Ок. 1919

Ренуар О.
Гарем. 1872

Моне К. Дорога к ферме Сен-Симеон. 1864

Гоген П. Бретонский пастушок. 1888

ТОРОНТО
Художественная галерея Онтарио

Художественная галерея Онтарио, расположенная в Торонто, хранит одно из прекраснейших собраний искусства в Канаде. Она была основана в 1900 году на базе нескольких частных коллекций и располагается в здании, построенном по проекту канадского архитектора Фрэнка Гери.

Сегодня музей имеет в своем распоряжении около 66 000 экспонатов, иллюстрирующих историю искусства за два тысячелетия. Канадское искусство представлено прекрасным собранием, подаренным музею Кеннетом Томсоном, одним из известнейших коллекционеров в стране. Оно представляет живопись художников XIX-XX веков, в том числе 182 картины Корнелиуса Кригхофа, около 200 полотен Дэйвида Милна, а также более трех сотен работ представителей «Группы семи».

В музее выставлена крупная коллекция европейского и американского искусства. В основном это произведения художников XIX-XX веков — Пабло Пикассо, Огюста Родена, Винсента Ван Гога, Эдгара Дега, Энди Уорхолла, Класа Ольденбурга, Марка Ротко. Обращает на себя внимание крупнейшая в мире коллекция работ известного британского скульптора Генри Мура. Также галерея экспонирует собрания предметов искусства аборигенов Африки, Австралии и Океании.

Мур Г.
Лежащая фигура
(рабочая модель скульптуры). 1957

Уотерхаус Дж. У. Леди Шалотт. 1915

Дега Э.
Женщина в ванной. 1893-1898

Моне К.
Мост Чарринг Кросс. Туман.
1899-1901

Де Кирико Дж.
Площадь Италии. 1913

Сислей А.
Вид Сен-Клода. Солнечный день. 1876

Жером Ж.-Л. Живопись вдыхает жизнь в Скульптуру. 1893

ТУРИН
Галерея Сабауда

Веронезе П.
Венера и Марс. 1575-1580

Бронзино А.
Портрет молодой дамы

Поллайоло А.
Товий и Ангел

Дуччо ди Буонисенья.
Мадонна с младенцем. 1285

Туринская Галерея Сабауда располагает одним из прекраснейших художественных собраний Италии. Она была создана в 1833 году на основе коллекций, полученных из Королевского дворца Турина. С 1865 года галерея располагается на третьем этаже здания Академии Наук, построенного в 1679 году по проекту архитектора Гварино Гварини.

В музее экспонируется только живопись старых мастеров. Большое внимание уделено работам художников итальянского Возрождения: Дуччо ди Буонинсеньи, Фра Анджелико, Антонио Поллайоло, Филиппино Липпи, Джироламо Савольдо, Луки Синьорелли, Джованни Беллини, Паоло Веронезе, Якопо Тинторетто, Тициана, Якопо Бассано. Также исчерпывающе представлена итальянская живопись эпохи барокко: экспозиция музея демонстрирует полотна Орацио Джентилески, Гверчино, Гвидо Рени, Себастьяно Риччи, Франческо Солимены, Джузеппе Марии Креспи и других прославленных мастеров.

Музей обладает значительной коллекцией картин фламандских и нидерландских живописцев. Здесь можно полюбоваться работами всемирно известных мастеров, в числе которых Ян Ван Эйк, Петрус Кристус, Ганс Мемлинг, Рембрандт, Давид Тенирс, Рогир Ван дер Вейден, Питер Пауль Рубенс, Антонис Ван Дейк.

Мемлинг Г. Страсти Христовы

УТРЕХТ
Центральный музей

Утрехтский центральный музей — старейший государственный музей Нидерландов. Он был основан в 1838 году и располагается в здании бывшего средневекового монастыря, части которого служили также приютом, казармами и психиатрической лечебницей. В 1999 году музей был реконструирован по проекту архитекторов Стефана Бела, Ливена Ахтергела и Петера Верссепута.

Музей включает в себя отделы старых мастеров, современного искусства, истории, дизайна и моды. В отделе старых мастеров размещаются в основном полотна нидерландских живописцев эпохи Возрождения и барокко, в том числе Питера Яна Санредама, Яна Ван Скорела, Хендрика Тербрюггена, Геррита Ван Хонтхорста. Современные художники представлены произведениями Тео Ван Дусбурга, Барта Ван дер Лека и других мастеров. Гордость музея — крупнейшая в мире коллекция работ известного утрехтского дизайнера и архитектора Гералда Ритвелда, участника художественной группы «Де Стиль».

Ван Гог В.
Натюрморт с посудой и деревянными башмаками. 1884

Уиллинк К.
Проповедник. 1937

Ван Гог В.
Девочка с граблями. 1881

Блумарт А.
Поклонение волхвов. 1624

Ван Риссельберге Т.
Сосна на берегу Средиземного моря. 1916

Ван де Волл, В. Г.
Святые Петр и Павел. 1759-1760

Ван Гог В.
Дома в окрестностях Гааги. Сумерки. 1883

ФИЛАДЕЛЬФИЯ

Музей искусств

Филадельфийский музей искусств обладает одной из крупнейших художественных коллекций США. Он был основан в 1876 году и занимает здание в западном конце бульвара Бенджамина Франклина, построенное в неоклассическом стиле. В состав музея входит также Музей Родена и несколько исторических мест.

Собрание музея насчитывает более 225 000 произведений искусства стран Европы, Америки и Азии. Важное место занимает европейская живопись, представленная всеми крупными художественными течениями от позднего средневековья до конца XIX столетия. Крупная коллекция полотен эпохи Возрождения включает в себя работы Дуччо ди Буонинсеньи, Фра Анджелико, Робера Кампена (известного также как Мастер из Флемаля), Яна Ван Эйка, Рогира Ван дер Вейдена. Галереи живописи маньеризма и барокко украшают картины Питера Пауля Рубенса, Якоба Ван Рейсдала, Эль Греко. Из полотен конца XVIII-начала XIX веков можно выделить произведения Томаса Гейнсборо, Джошуа Рейнолдса, Уильяма Тернера, Эжена Делакруа. Широко представлено творчество импрессионистов и постимпрессионистов, в том числе работы Поля Сезанна, Эдуарда Мане, Клода Моне, Пьера-Огюста Ренуара, Анри де Тулуз-Лотрека. В музее также выставлена прекрасная коллекция современного искусства, в которую вошли произведения Пабло Пикассо, Константина Бранкузи, Марселя Дюшана, Анри Матисса, Хуана Миро, Сальвадора Дали.

Гордость музея — крупнейшее в мире собрание работ Томаса Икинса, прославленного американского художника, работавшего в Филадельфии.

Необходимо отметить также крупные коллекции декоративно-прикладного искусства, графики, и интересное собрание искусства стран Азии.

Рубенс П. П.
Наказание Прометея. 1611-1612

Эль Греко. Пьета.
1571-1576

Пикассо П.
Автопортрет с палитрой. 1906

Тернер У.
Пожар здания Палаты Лордов и Общин. 1835

Мане Э.
Отправление парохода в Фолкстоне. 1869

Тулуз-Лотрек А. де.
Танец в Мулен Руж. 1889-1890

ФЛОРЕНЦИЯ
Галерея Академии

Флорентийская галерея Академии принадлежит к числу интереснейших музеев города. Она возникла при Флорентийской Академии, основанной в 1561 году.

Музей в основном экспонирует произведения живописи итальянских мастеров XIII-XVIII веков. Основное место занимают работы крупнейших художников флорентийской школы — Бернардо Дадди, Андреа Орканьи, Таддео Гадди, Паоло Учелло, Доменико Гирландайо, Сандро Боттичелли, Андреа дель Сарто, Джамболоньи, Лоренцо Монако, Филиппино Липпи, Джованни да Милано. Также стоит отметить собрание итальянской готической живописи и интересную коллекцию русских икон.

Главная ценность музея — зал, посвященный творчеству Микеланджело Буонарроти. Здесь можно увидеть произведения прославленного мастера, среди которых картина «Пьета Палестрина», незавершенная скульптура «Святой Матфей», статуи рабов для гробницы папы Юлия II. Жемчужина коллекции — всемирно известная скульптура «Давид», входящая в число величайших шедевров искусства всех времен.

Монако Л. Благовещение. 1410-1415

Микеланджело. Давид. 1501-1504

Старнина Дж. Мадонна с младенцем и святыми. 1400-1410

Джованни да Милано. Пьета. 1365

Понтормо. Три истории блаженной из Фаенци

ФЛОРЕНЦИЯ
Палаццо Веккио

Палаццо Веккио размещает одну из интереснейших художественных коллекций во Флоренции. Он был построен в конце XIII столетия по проекту архитектора Арнольфо ди Камбио и выполнял функцию резиденции городских властей. Этот величественный дворец, увенчанный 94-метровой башней, располагается на площади Синьории и является одной из архитектурных доминант города.

Палаццо хранит прекрасные образцы живописи и скульптуры итальянских старых мастеров. Его интерьеры выполнены Джорджо Вазари, стены залов украшены фресками этого прославленного художника и других флорентийских мастеров. Самой известной росписью является «Осада Флоренции», расположенная в зале Климента VII. У входа в музей можно увидеть знаменитую копию статуи «Давид» Микеланджело Буонарроти, заменившую в 1873 году оригинал, который сегодня находится в Галерее Академии. Во дворце можно полюбоваться картинами Аньоло Бронзино, Джованни Санти, Джулиано да Майано, Доменико Гирландайо, а также скульптурами Андреа Верроккьо, Баччо Бандинелли, Джамболоньи, Бартоломео Амманати. Здесь размещены прославленные «Юдифь» Донателло и «Гений, попирающий грубую силу» Микеланджело Буонарроти.

На верхнем этаже дворца находится коллекция живописи, подаренная Флоренции американским искусствоведом Чарльзом Лозером в 1928 году. Она включает в себя скульптуры и картины Тино ди Камаино, Педро Берругете, Аньоло Бронзино, Бенвенуто Челлини и других мастеров

Бронзино А.
Переход через Красное море

Сальвиати Ф.
Поражение пизанцев при Сан Винченцо

Миниатюра из «Кодекса Риккардиано». 1129

Донателло.
Юдифь и Олоферн. 1455-1460

ФЛОРЕНЦИЯ
Галерея Палатина

Флорентийская Галерея Палатина является одним из крупнейших художественных музеев Италии. Она располагается в Палаццо Питти, где некогда жили представители правящих династий Флоренции. Этот роскошный дворец, строительство которого началось в XV веке под руководством известного архитектора Филиппе Брунеллески и продолжилось Бартоломео Амманати, входит в число главных достопримечательностей города.
Галерея Палатина размещает в своих стенах полотна старых мастеров. В основном это работы итальянских художников XIV-XVI веков: Сандро Боттичелли, Филиппо Липпи, Андреа дель Сарто, Корреджо, Пьетро да Кортоны, Тициана, Якопо Тинторетто, Микеланджело да Караваджо. Гордость музея — прекрасная коллекция картин Рафаэля, в которой можно увидеть его прекрасных мадонн — «Мадонна делла седиа», «Мадонна дель Грандука», «Мадонна дель Импанната», «Мадонна под Балдахином», многочисленные портреты — «Кардинал Томмазо Ингирами», «Донна Велата», «Донна Гравида», «Маддалена Дони», «Портрет кардинала

Караваджо.
Портрет Алофа де Виньякура. 1608

Рафаэль.
Портрет Федра Ингирами.
1512-1514

Веласкес Д.
Продавец воды в Севилье. 1620

Караваджо.
Спящий Амур. 1608

Тенирс Младший Д.
Алхимик

Джорджоне. Три возраста мужчины. 1500-1510

Тициан.
Кающаяся Магдалина. 1533

Липпи Ф.
Тондо Бартолини. 1425

Рафаэль.
Женский портрет (Донна Велата). Ок. 1513

Бибиены», «Портрет Аньоло Дони», религиозное полотно «Видение Иезекииля» и другие произведения.

В музее представлена также коллекция работ художников других европейских школ, по богатству уступающая итальянскому собранию, но, тем не менее, включающая в себя картины таких выдающихся мастеров, как Диего Веласкес, Антонис Ван Дейк и Питер Пауль Рубенс («Четыре философа», «Следствия войны»).

Карраччи Агостино.
Итальянский пейзаж

Рафаэль.
Madonna della seggiola. 1513-1514

ФЛОРЕНЦИЯ
Галерея Уффици

Галерея Уффици хранит одно из крупнейших художественных собраний в мире. Ее основу составила коллекция флорентийского правящего рода Медичи, известных ценителей и покровителей искусства. Музей расположен во дворце Уффици, построенном в 1565-1574 годах известным архитектором, художником и историком искусства Джорджо Вазари по заказу герцога Козимо I Медичи. Название дворца происходит от итальянского слова «канцелярия», в связи с тем, что в его здании первоначально располагались административные учреждения. Музей был основан в 1575 году, когда коллекция Медичи была перевезена в новый дворец. В 1789 году собрание музея было открыто для публики.

Гольбейн Младший Г. Автопортрет

Караваджо. Голова Медузы Горгоны. 1597

Караваджо. Вакх. 1596

Мартини С. Благовещение. 1333

Тициан. Венера Урбинская. 1538

Рубенс П. П. Портрет Изабеллы Брандт. 1625-1626

Боттичелли С. Рождение Венеры. 1485-1486

Дюрер А.
Апостол Филипп. 1516

Микеланджело.
Тондо Дони. 1503

Тициан.
Флора. Ок. 1515

Главная ценность музея — великолепная коллекция живописи. Здесь можно увидеть крупнейшие работы почти всех прославленных флорентийских живописцев: Чимабуэ, Джотто ди Бондоне, Мазаччо, Андреа Верроккьо, Филиппо Липпи, Леонардо да Винчи, Лоренцо ди Креди, Андреа дель Сарто, Джованни Баттиста Россо. Бесспорными жемчужинами собрания являются картины «Аллегория весны» и «Рождение Венеры» Сандро Боттичелли, а также тондо «Мадонна Дони» кисти Микеланджело Буонарроти. Залы музея украшают шедевры мастеров других итальянских школ: «Благовещение» Симоне Мартини, «Автопортрет», «Папа Лев X» и «Мадонна со щегленком» Рафаэля, «Мадонна с длинной шеей» Пармиджанино, «Портрет герцога Федерико да Монтефельтро и его жены» Пьеро делла Франчески, «Портрет Лоренцо Великолепного» Джорджо Вазари, «Души Чистилища» Джованни Беллини, «Кающаяся Магдалина», «Флора», «Венера Урбинская» и «La Bella» Тициана, «Вакх» Микеланджело да Караваджо. Из представителей других европейских стран можно выделить таких мастеров как Рембрандт, Питер Пауль Рубенс, Антонис Ван Дейк, Диего Веласкес, Бартоломе Эстебан Мурильо.

Галерея демонстрирует замечательные образцы античной скульптуры, среди которых выделяются статуи эпохи эллинизма: «Танцующий фавн», «Марсий», «Юный Аполлон», ансамбль «Гибель Ниобид» и прославленная «Венера Медичи».

Коллекция графики, представленная в музее — одна из прекраснейших в Европе. Она начала формироваться еще в XVI веке, раньше, чем где-либо в мире.

Значительный интерес представляет галерея автопортретов великих художников Европы, также находящаяся на территории дворца Уффици, но имеющая статус самостоятельного музея.

ФРАНКФУРТ-НА-МАЙНЕ
Штеделевский художественный институт

Штеделевский художественный институт обладает одним из прекраснейших собраний искусства в Германии. Он был создан в 1818 году на основании завещания предпринимателя Иоганна Фридриха Штеделя, пожелавшего передать свой дом и коллекцию произведений искусства государству. Современное здание музея было построено в 1878 году.

Сегодня собрание музея насчитывает более 2700 картин (около 600 из них находятся в экспозиции), 100 000 рисунков и гравюр, около 600 скульптур. Живопись представлена полотнами европейских мастеров XIV-XX столетий. К наиболее известным работам, представленным в коллекции, относятся «Портрет девушки» Сандро Боттичелли, «Лукреция Борджиа» Бартоломео Венето, «Географ» Яна Вермеера, «Гете в римской Кампанье» Генриха Вильгельма Тишбейна, «Портрет доктора Гаше» Винсента Ван Гога.

В собрании института широко представлено современное искусство, в том числе работы Эрнста Людвига Кирхнера, Эдварда Мунка, Оскара Кокошки, Франца Марка, Пабло Пикассо, Жоржа Брака.

Дега Э.
Музыканты в оркестре. 1872

Бальдунг Г.
Любовь небесная и Земная

Вермеер Я.
Географ. 1669

Дюрер А.
Портрет женщины с распущенными волосами. 1496-1498

Моне К.
Домики в Заандаме. 1871

Рембрандт.
Ослепление Самсона.1636

Коринт Л.
Вальхензее зимой. 1923

Руссо А.
Аллея парка Сен-Клод. 1908

Боттичелли С.
Портрет молодой женщины. 1480-1485

Венето Б.
Портрет Лукреции Борджа. 1505-1508

Тишбейн В.
Гете в Римской Кампанье. 1787

Ван Гог В.
Дом с женщиной и козой. 1885

Музей обладает большим собранием работ немецкого художника Макса Бекманна, много лет преподававшего в Штеделевском Институте.

На первом этаже здания представлена прекрасная коллекция рисунков и гравюр, которая дает возможность полюбоваться произведениями многих знаменитых художников.

Ван Эйк Я.
Мадонна Лукка. 1430

ХАРТФОРД
Уордсуорт Атенеум

Уодсуорт Атенеум, является первым публичным музеем США. Он сформировался на базе коллекции семейства Уодсуортов, принадлежащего к старейшим и богатейшим родам Хартфорда. Этот музей, названный в честь богини мудрости Афины, располагается в нескольких зданиях в историческом центре города. Самое старое из них, выполненное в виде замка, было построено по проекту архитекторов Джексона Дейвиса и Итила Тауна в 1842 году. Через два года музей был открыт для публики.

Сегодня Атенеум хранит более 45 000 экспонатов, охватывающих 5000 лет истории мировой культуры. Собрание европейского искусства включает разделы живописи, скульптуры, рисунка и гравюры. Коллекция из 900 живописных полотен богата шедеврами мастеров XVII века — Микеланджело да Караваджо, Бернардо Строцци, Хусепе Риберы, Франсиско де Сурбарана, Франса Халса, Антониса Ван Дейка, Клода Лоррена, а также импрессионистов и постимпрессионистов — Эдуарда Мане, Клода Моне, Эдгара Дега, Пьера-Огюста Ренуара, Поля Сезанна, Винсента Ван Гога. Живопись XX столетия представлена яркими и громкими именами, среди которых Пабло Пикассо, Сальвадор Дали, Хуан Миро, Джорджо де Кирико, Макс Эрнст, Рене Магритт. В собрания американского искусства значительный интерес представляет коллекция пейзажей художников Школы реки Гудзон.

Заслуживает внимания также замечательное собрание декоративно-прикладного искусства, демонстрирующее Севрский и Мейсенский фарфор, британское серебро, американскую мебель, костюмы и многие другие предметы.

Дали С. Явление лица и вазы с фруктами на пляже. 1938

Моро Г. Похищение Европы. 1869

Тулуз-Лотрек А. де. Жанна Авриль, покидающая Мулен Руж. 1892

Ван Гог В. Ваза с красными маками. 1886

Караваджо. Экстаз св. Франциска. 1596

ХЬЮСТОН
Музей изящных искусств

Музей изящных искусств в Хьюстоне представляет одно из интереснейших собраний искусства на юге США. Он был открыт в 1924 году в новом здании, построенном по проекту архитектора Уильяма Уоткина, и стал первым художественным музеем штата Техас.

Сегодня музей хранит более 50 000 экспонатов, знакомящих посетителей с искусством Древнего мира, доколумбовой Америки, Африки, Азии, Океании, а также с американской и европейской живописью, скульптурой, гравюрой, рисунком, декоративным искусством и фотографией. Наибольшей популярностью пользуются залы европейской живописи. Широко представлены полотна итальянских и фламандских мастеров эпохи Возрождения — Фра Анджелико, Джованни ди Паоло, Себастьяно дель Пьомбо, Ло Скарселлино, Рогира Ван дер Вейдена и Ганса Мемлинга. Живопись эпохи барокко проиллюстрирована картинами Орацио Джентилески, Гвидо Рени, Луки Джордано, Филиппа де Шампеня, Франса Халса, Яна ван Хейсума и других известных художников. В музее можно полюбоваться творчеством крупных живописцев XVIII-XIX веков — Жана Батиста Симеона Шардена, Антона Рафаэля Менгса, Каналетто, Жана Леона Жерома, Франсиско де Гойи, Адольфа-Вильяма Бугро, Камиля Коро, Теодора Руссо. Искусство импрессионистов, постимпрессионистов, модернистов и современных художников также нашло свое отражение в залах музея.

Собрание американского искусства охватывает все главные художественные течения США в XIX-XX веках. Особенно полно представлено творчество Фредерика Ремингтона, самого известного художника Дикого Запада.

Мемлинг Г.
Портрет пожилой женщины. 1468-1470

Сезанн П.
Спуск к ущелью. 1879

Делакруа Э.
Андромеда. 1852

Редон О.
Две девушки среди цветов. 1905-1912

Писсарро К.
Сбор яблок. Эраньи. 1888

Руссо А.
Эйфелева башня. Ок. 1898

ЦИНЦИННАТИ
Музей искусств

Музей искусств в Цинциннати хранит одно из старейших и крупнейших художественных собраний в США. Он был образован в 1881 году на базе коллекции Чарльза Уэста. По прошествии пяти лет музей открылся в новом здании в центре города, построенном по проекту архитектора Джеймса Маклоглина.

Сегодня собрание музея насчитывает более 60 000 экспонатов, представляющих искусство Древнего мира, Африки и Южной Америки, а также произведения европейской и американской живописи, скульптуры, декоративно-прикладного искусства, гравюру, рисунки и фотографии. Гордость музея — собрание европейских картин, включающее в себя полотна всемирно известных старых мастеров — Тициана, Франса Халса, Ганса Мемлинга, Антониса Ван Дейка, Питера Пауля Рубенса, Томаса Гейнсборо и не менее знаменитых художников XIX-XX веков — Пьера Огюста Ренуара, Пабло Пикассо, Андре Дерена, Жоржа Брака, Хуана Миро, Амедео Модильяни и Марка Шагала. Американскую живопись представляют полотна Джона Синглтона Копли, Томаса Коула, Уильяма Майкла Харнетта, Эндрю Уайета, Гранта Вуда, Эдуарда Хоппера, Марка Ротко и других художников.

Гоген П.
Момент истины. 1892

Дега Э.
Танцовщица в гримерке. 1879

Сезанн П.
Натюрморт с хлебом и яйцами. 1865

Бингем Дж. К. Приказ № 11. 1865-1870

ЦЮРИХ
Кунстхаус

Кунстхаус является одним из крупнейших музеев Швейцарии. Он был основан в 1910 году и находится в центре города, на Хаймплац. Собрание музея начало создаваться в конце XVIII века кругом художников и знатоков и сегодня включает в себя образцы живописи, рисунка, гравюры, фотографии и другие произведения искусства.

Экспозицию открывает средневековая скульптура и алтарные образы. Живопись старых мастеров представлена в основном творчеством художников Золотого века голландской и фламандской живописи, а также венецианского сеттеченто.

Наиболее полно в музее отражено европейское искусство XIX-XX столетий. Импрессионизм и постимпрессионизм представлены полотнами Поля Сезанна, Винсента Ван Гога и Клода Моне, в том числе его знаменитыми «Водяными лилиями». Важное место в экспозиции занимает творчество экспрессионистов — Эрнста Людвига Кирхнера, Макса Бекманна, Ловиса Коринта, Оскара Кокошки

Беклин А. Война. 1896

Тулуз-Лотрек А. де. В баре. Толстый хозяин и тощая кассирша. 1898-1899

Шиле Э. Лежащая обнаженная. 1908

Ван Гог В. Зеленое поле в ветреную погоду. 1889

и Эдварда Мунка (коллекция работ которого не знает себе равных за пределами Норвегии). Обращают на себя внимание картины Пабло Пикассо, Анри Матисса, Марка Шагала. Современные тенденции в искусстве представлены произведениями Марка Ротко, Курта Швиттерса, Сая Твомбли, Йозефа Бойса, Георга Базелица, Фрэнсиса Бэкона и других художников.

Стоит отметить исчерпывающее собрание швейцарского искусства, включающее в себя работы крупнейших художников этой страны: Иоганна Генриха Фюсли, Фердинанда Ходлера, Рихарда Лосе, Арнольда Беклина, Феликса Валлоттона. Гордость музея — крупнейшая в мире коллекция произведений швейцарского художника и скульптора Альберто Джакометти.

Гоген П. Пещера в скале. 1882

ЧИКАГО
Художественный институт

Чикагский художественный институт является обладателем одного из крупнейших собраний искусства в США. В его основу легли пожертвования коллекционеров города и других частных лиц. Самые весомые дары поступили от М.Райерсона, Берты Оноре Палмер, Анни Сван Корбун, Фредерика Клея Бартлетта и Хелен Берч Бартлетт. Здание музея, построенное в 1893 году, расположено на Мичиган Авеню.

Собрание художественного института богато в основном произведениями живописи. Интересна небольшая коллекция работ голландских художников XVII века, включающая в себя полотна Рембрандта, Якоба Ван Рейсдала, Франса Халса, Яна Стена. Широко представлены картины французских живописцев XIX столетия — Жана Франсуа Милле, Камиля Коро, Шарля Добиньи, Эжена Делакруа, Нарсиса-Виржиля Диаса де ла Пеньи и Теодора Руссо.

Мировую известность музею принесло прекрасное собрание картин импрессионистов и постимпрессионистов. Здесь можно полюбоваться такими шедеврами как «Завтрак гребцов» и «На террасе»

Ван Гог В.
Автопортрет. 1888

Сера Ж. Воскресная прогулка на острове Гран-Жатт. 1884-1886

Гоген П.
День богов. 1894

Пикассо П.
Старый гитарист. 1903

Дега Э.
Утренняя ванна. 1883

Пьера-Огюста Ренуара, «Купальщицы» и «Мадам Сезанн на жёлтом стуле» Поля Сезанна, «В Мулен Руж» Анри де Тулуз-Лотрека, «Воскресная прогулка на острове Гран-Жатт» Жоржа Сёра, «Парижская улица. Дождь» Гюстава Кайботта, «Автопортрет» и «Спальня в Арле» Винсента Ван Гога. Жемчужиной собрания является коллекция из более чем 30 работ Клода Моне, включающих несколько версий «Водяных лилий» и шесть полотен серии «Стог сена».

Музей демонстрирует крупную коллекцию американской живописи, охватывающую творчество ведущих живописцев континента: Фредерика Ремингтона, Джорджа Иннесса, Уинслоу Хомера, Джона Сингера Сарджента, Мэри Кэссет, Джорджии О'Киффи, Гранта Вуда, Эдуарда Хоппера.

Моне К.
Водяные лилии. 1906

ШТУТГАРТ
Государственная галерея

Государственная галерея в Штутгарте относится к числу крупнейших художественных музеев Германии. Она открыла свои двери для публики в 1843 году. В 1984 году была основана Новая Государственная галерея, превратившая небольшой провинциальный музей в настоящий храм искусства. Её здание, представляющее собой стеклянный куб, было построено в 1977-1983 годах по проекту архитектора Джеймса Стирлинга. Музей предлагает обзор европейской живописи, скульптуры, гравюры, рисунка и фотографии со времен Средневековья до наших дней. Здесь можно увидеть германские картины эпохи Ренессанса и Барокко, полотна итальянских мастеров XVI-XVIII веков, голландскую живопись Золотого века, произведения эпохи романтизма, полотна импрессионистов. Экспозиция, посвященная искусству XX века, размещена в здании Новой Государственной галереи и включает в себя важные работы крупнейших художников: Пабло Пикассо, Анри Матисса, Оскара Шлеммера, Хуана Миро, Йозефа Бойса, Макса Бекманна, Сальвадора Дали, Пита Мондриана, Франца Марка, Пауля Клее, Василия Кандинского, Марка Шагала.

Мемлинг Г.
Вирсавия. 1485

Берн-Джонс Э.
Скала Гибели. 1884-1885

Моне К.
Тополя в солнечном свете. 1887

Шиле Э.
Пророки (Двойной автопортрет). 1911

Марк Ф. Синие лошади. 1911

СОДЕРЖАНИЕ

ВСЕ О МУЗЕЯХ МИРА

Иллюстрированный справочник художественных музеев

Макет, подготовка к печати **ООО «Бестиарий»**

Составление, общая редакция *И. Г. Мосин*

Верстка, подготовка к печати *А. Яскевич*

Подписано в печать 19.03.2007. Формат $70x100^{1}/_{16}$
Бумага офсетная 80 г. Печать офсетная.
Усл. печ. л. 12,0. Тираж 10 000 экз. Заказ № 562

ООО «СЗКЭО "Кристалл"»
193029, Санкт-Петербург,
пр. Обуховской обороны, д. 84, лит.Е
E-mail: knigi@szko.ru
СПб: +7(812) 365-40-44
Москва: (495) 482-36-12

Гигиенический сертификат
N№ 78.01.07.952.Т.14898.05.99 от 24.05.1999

Отпечатано по технологии CtP
в ОАО «Печатный двор» им. А. М. Горького
197110, Санкт-Петербург, Чкаловский пр., 15